AF500053

L'INDÉPENDANCE

DE

L'EMPIRE DU BRÉSIL,

PRÉSENTÉE

AUX MONARQUES EUROPÉENS.

INTRODUCTION.

Enfin le roi de Portugal n'a pas démenti son caractère. Il se montre juste et conséquent à l'égard du Brésil, dont l'indépendance a mis en mouvement tous les cabinets de l'Europe. Libre des factions, et se rappelant que le premier il a érigé le Brésil en royaume, que le premier il a décrété l'affranchissement de son commerce, Jean VI sanctionnant l'œuvre de sa politique, vient de nommer des plénipotentiaires chargés de traiter avec les négociateurs envoyés par son auguste fils don Pedro (1). Puissent-ils ajuster les différends qui se sont élevés entre les Portugais et les Brésiliens, nations que sépare la vaste éten-

(1) De la part du Brésil, le général Brant et le chevalier de Gameiro ; de la part du Portugal, le marquis de Villa-Réal ; tous revêtus du titre de plénipotentiaires.

due des mers à la distance de deux mille lieues! Puisse un rapprochement sincère entre le père et le fils se terminer à l'avantage des peuples qu'ils régissent! Nul doute que si Jean VI agit d'après lui-même, la reconnaissance de l'empire, qui déjà doit être faite dans sa conscience, ne soit le prompt résultat des conférences qui s'ouvrent à Londres. Nul doute qu'elles n'aient cette heureuse issue, si le conseil du roi, connaissant les vrais intérêts de la royauté et du Portugal, s'oppose avec fermeté à ce que des haines particulières ne prévalent sur les intérêts de la famille de Bragance. Et pourquoi les Portugais s'obstineraient-ils à s'armer contre la prospérité de l'empire brésilien? Veulent-ils que l'ancienne morgue l'emporte encore sur la raison? Veulent-ils encourir le reproche de n'avoir jamais regardé les Brésiliens comme leurs frères, mais comme leurs esclaves? Se croiraient-ils humiliés dans leur amour-propre, en cessant de dire *nos colonies?* Préfèreraient-ils aux vrais intérêts de leur patrie et de la maison de Bragance, d'envoyer encore au Brésil des *desembargadores* et des gouverneurs ? Mais il ne s'agit là que du triomphe de l'orgueil et d'une fausse puissance. Les catégories de gouverneurs et de desembargadores, désormais sans vertus politiques, passent et s'éclipsent. Que les Portugais se détrompent ; le Brésil est arrivé à sa virilité, il ne rétrogradera pas. Qu'ils se rappellent le reproche que leur adressait le célèbre Camoëns : « Portugais, vous affaiblissez le » royaume! En l'étendant aussi loin, vous le » dépeuplez ; vous avez de puissans ennemis à vos portes, et vous cherchez des périls inconnus, comme si vous n'aviez en vue » que la fausse gloire d'être nommés : *les seigneurs de l'Inde, de la Perse, de l'Arabie et de l'Éthiopie !* »

Quant à nous, qui prenons la plume pour traiter ces grandes questions d'état, nous nous proposons deux objets : d'abord, de présenter aux monarques de l'Europe l'indépendance du Brésil dans son véritable jour; ensuite de concourir, s'il est possible, par le pouvoir des faits et des exemples, et par l'ascendant de la vérité, à éclairer les négociateurs ; à mettre un terme à un différend de famille qui tient en suspens le Brésil et le Portugal, l'Europe et l'Amérique.

Et qu'on ne vienne pas nous dire que de si grandes questions ne sont pas de la compétence d'un écrivain sans mission, et peut-être sans titre! Comme publiciste et historien, comme écrivain indépendant, nous avons fait nos preuves; aucune question d'État ne nous est étrangère. Libre d'en entamer la discussion publique, nous n'avons à répondre que devant la loi de la manifestation de notre pensée. Quant à notre titre pour discuter la question particulière de l'indépendance du Brésil, qui pourrait nous le contester?

Aucune histoire générale du Brésil n'avait encore paru, et la littérature historique en réclamait une complète, quand, en 1815, je publiai la mienne en trois volumes. Cet ouvrage, examiné et loué à cette époque par les critiques de tous les partis, fut une sorte de création mise en œuvre avec de nombreux matériaux dont j'indiquais la source. Il est connu au Brésil, répandu dans toute l'Europe, et j'en prépare aujourd'hui la seconde édition, corrigée et augmentée.

Comme historien du Brésil, pouvais-je rester insensible aux grands événemens qui l'agitent et le régénèrent; pouvais-je rester silencieux lorsque les Deux-Mondes en parlent? Le premier n'ai-je pas annoncé au monde les brillantes destinées de l'empire du Brésil sous le sceptre de l'auguste maison de Bragance? N'ai-je pas été le premier à le proclamer pour ainsi dire? Voici mes propres paroles; elles datent de dix ans (1): « L'é-
» migration de la famille de Bragance à
» Rio-Janeiro donne à l'empire brésilien les
» plus brillantes espérances; et cet empire
» semble appelé maintenant à jouir des plus
» hautes destinées. Qui pourrait calculer
» d'avance où s'arrêtera l'énergie d'une na-
» tion pour ainsi dire ressuscitée? Le Brésil
» ne manque ni de vaisseaux, ni de ports,
» ni de marins; ses nègres mêmes sont d'in-
» trépides matelots. Cet empire, aussi puis-
» sant que magnifique, balancera bientôt la
» puissance croissante des États-Unis; il aura

---

(1) *Voyez* tom. III, pag. 517.

» sur lui l'avantage d'un climat plus doux,
» d'un sol plus fertile en productions utiles
» et précieuses, d'une position géographique
» dominant le chemin des deux Indes, de
» toutes les grandes mers du globe, et for-
» mant comme le nœud des communications
» commerciales de toutes les parties du monde
» civilisé. Qu'il est riche, fort et inattaqua-
» ble, cet empire de l'hémisphère austral!
» Que sa destinée est noble et indépendante!
» Des flottes nombreuses ne sauraient l'in-
» vestir; des armées formidables le menace-
» raient en vain; tout lui garantit une pros-
» périté croissante et une longue durée. Avec
» de la prudence et de l'énergie, le souverain
» du Brésil peut s'affermir, lui et ses descen-
» dans, sur un trône moins précaire et plus
» brillant que celui de Lisbonne. »

Cette tirade prophétique s'est accomplie et devait s'accomplir.

Le système colonial de l'Europe ne pouvait se soutenir qu'en marchant dans un sens inverse à son but : celui de faire prospérer le pays soumis à un tel système; et ce but on ne pouvait plus l'atteindre, qu'en faisant de grands pas vers l'émancipation, devenue plus ou moins inévitable à mesure que le monopole était plus ou moins dans un état de décadence.

C'est alors que le Brésil a été mis en face du Portugal, et dans cet état mixte qui remplace la vie du pouvoir quand elle s'éteint. L'habitude, force conservatrice, soutenait seule le système singulier qui assujettissait à un état presque nul, dans la balance politique de l'Europe, un empire presque indéfini dans ses élémens et dans son avenir.

En portant la cour à Rio-Janeiro, le Portugal lui-même rompit l'esprit colonial, et créa la monarchie brésilienne, mettant ainsi d'accord le fait avec le droit. Cet événement fut décisif pour le Brésil, le Portugal, l'Amérique et l'Europe.

Le Portugal eut à combattre en faveur d'un gouvernement qui, n'étant plus dans son sein, n'était que l'allié des Anglais dans la guerre. A la paix, il se trouva colonie du Brésil. On vit alors deux peuples se disputer leur roi, ce qui mit à nu le défaut de la vieille position; car on ne pouvait pas faire en même temps deux colonies réciproques, d'un vieil État et d'un nouveau donnant asile à la monarchie dans sa détresse. La séparation devint naturellement la solution du problème. Il s'agit aujourd'hui de maintenir et de consolider la maison royale de Bragance au Brésil. Tout gît dans cette grande mesure conservatrice.

En revenant à Lisbonne, le roi régnant a rendu plus facile la restauration de son pouvoir européen. Le grand but que se proposait la masse des Portugais a été obtenu, puisque leur pays a cessé d'être une colonie.

Le Brésil se détachant, il a fallu sauver la monarchie et les possessions de la maison de Bragance. Ces deux buts ont été atteints par la déclaration de l'empire, et don Pedro a marché constamment dans le double esprit de l'intérêt de sa nouvelle patrie et de la doctrine monarchique que les puissances européennes professent.

Il eût été impossible au Brésil de se dérober à l'émancipation, étant placé au centre du grand mouvement qui agite le continent américain, et agité lui-même par les mêmes causes. Mais n'a-t-il pas résisté aux principes destructeurs qui ont enfanté la tourmente anti-sociale, quand toute l'Amérique autour de lui en a été bouleversée? Là, il n'y a pas eu de révolution dans toute l'acception de ce mot, c'est-à-dire qu'il n'y a pas eu de changement dans l'état social; il n'y a eu que des transitions. Les Brésiliens ont eu l'excellent esprit de sentir que la constitution physique et morale de leur pays exigeait l'unité de direction et d'hérédité monarchique. La grande propriété domine au Brésil. Or, les fortunes territoriales étant les moins mobiles, s'accommodent mieux de la stabilité héréditaire que de l'incertitude républicaine.

D'un autre côté, le Brésil, formé de dix-neuf provinces, en compte quatorze de maritimes, et il prend un grand essor de navigation. Ce mouvement est de sa nature ennemi de la contrainte et du pouvoir arbitraire. Or, il est clair que la destinée du Brésil appelle des modifications dans sa législation et dans sa politique, sans toutefois qu'elles altèrent l'essence et les fondemens de son ordre social.

Tel est le grand problème qu'ambitionne de résoudre l'empereur don Pedro. Les solides et brillantes qualités que la nature a départies à ce prince, et la légitimité de ses droits, lui donnent à-la-fois la volonté et les moyens d'assurer la prospérité et l'indépendance du magnifique empire qu'il est appelé à régir. Ennemi de l'anarchie, mais ami de la liberté, il se montre assez sage pour concevoir que les gouvernemens doivent se coordonner à l'état actuel de la société ; que s'ils en sont les mobiles, ils en sont aussi l'expression, et souvent même les résultats ; qu'en outre, l'intérêt de leur conservation exige qu'il n'y ait aucun principe de désharmonie entre le pouvoir et les besoins de la civilisation.

Il fallait à cet empire un gouvernement central et légitime ; mais il lui faut aussi l'indépendance politique et la liberté légale. Ce qui prouve mieux que tous les raisonnemens, les salutaires dispositions et l'excellent esprit des peuples du Brésil, c'est que les tentatives qui y ont été faites dans un esprit républicain, ont toutes échoué ; que le parti même qui poussait à la république contre le Portugal, comme moyen d'indépendance, a été le premier à embrasser avec transport la liberté sous la monarchie que lui présentait l'empereur don Pedro Ier.

Sous ce point de vue général, l'avènement de don Pedro au trône impérial, est un avantage pour toutes les monarchies européennes; l'exemple n'en sera pas perdu. Qu'on se rappelle que les États-Unis d'Amérique, en fondant leur indépendance, nous inoculèrent la fièvre de la démocratie, maladroitement importée en Europe. Il en sera le contraire du Brésil, conservateur du régime monarchique et du principe de l'hérédité. Quels avantages immenses pour une race antique! l'exemple du Brésil sera d'un grand poids au-delà de l'Atlantique, et parmi nous peut-être. Puisse s'y développer le système le plus compatible avec la vraie liberté quand on n'essaie pas d'en corrompre les sources! Puissent les fruits du Brésil, greffés sur l'arbre de la monarchie européenne, être recherchés et savourés dans les deux Mondes!

Quant à l'étendue et à la puissance de ce nouvel empire, ce sont deux faits hors de toutes discussions. Placé entre les deux grands fleuves de la Plata et de l'Amazone, le Brésil ne saurait être resserré davantage sans menacer de déborder. D'ailleurs il veut être grand et puissant. Une sage diplomatie devrait même favoriser le rapide développement de sa force pour peu qu'on songe à la balance politique de l'Amérique, dont les poids ne servent plus à équilibrer les grands pouvoirs de l'Europe.

Qu'on y prête attention : les États-Unis dominent à-la-fois les lacs de Saint-Laurent et la mer du Sud, les côtes de l'Atlantique et celles du golfe mexicain. De même que la Russie, la fédération américaine du Nord semble imiter, dans son extension gigantesque, cette puissance colossale, et vouloir envelopper la grande moitié du Continent de l'Amérique.

Qu'on y réfléchisse, le Brésil peut et doit être la sauve-garde monarchique du nouvel hémisphère et de la vieille Europe.

Cette émancipation d'un empire jeune encore, et déjà puissant, est un décret de la divine Providence. Son indépendance est un événement qui se rattache aux révolutions contemporaines dont nous avons été les témoins et dont les causes pressent l'Univers.

Le Brésil est et restera indépendant. N'étant point dans la sphère diplomatique de l'Europe, il doit être considéré par les peuples navigateurs uniquement comme une échelle de commerce, comme la grande voie ouverte au centre de l'Amérique méridionale pour l'écoulement des produits de l'industrie européenne.

Le Brésil qui, pendant trois siècles, n'a été que la colonie d'une des plus petites monarchies de l'Europe, égale aujourd'hui, par son étendue et par la richesse de son sol, les plus grands empires du monde; nul doute que sa population vigoureuse et active n'y prenne aussi le plus grand accroissement.

Enfin le Brésil existe; il existe en un seul corps; ses dix-neuf provinces reconnaissent l'autorité de l'empereur don Pedro; Bahia et son immense *Reconcave*, reconnaissent la suprématie de Rio-Janeiro, siége du gouvernement et métropole du Brésil. Que ceux qui douteraient encore des hautes destinées de cet empire, aillent admirer le site et l'aspect de sa capitale représentée au sein de Paris avec tant de vérité et avec une illusion si parfaite ; qu'ils y aillent au milieu de cette affluence de personnes curieuses qui ne quittent point cet admirable spectacle sans s'écrier : voilà un site digne de la métropole de l'Univers ! En effet, on voit une ville assise au milieu d'une chaîne circulaire de montagnes qui ne s'entr'ouvrent que pour laisser passage à l'Océan et pour former un des ports les plus vastes et les plus sûrs qui existent. Tableau formé de mille tableaux embrassant le cercle entier de l'horizon, n'étonnant pas moins par la vérité des couleurs que par la vérité des perspectives ; tableau où l'artiste a su peindre même le climat, où l'on reconnaît le tropique, où l'on croit respirer un air embaumé qui nous transporte dans un autre hémisphère. Et cette ville qui se développe à nos yeux, c'est Rio-Janeiro, c'est la capitale de ces contrées naguère agitées, théâtre d'événemens du plus haut intérêt et de souvenirs dignes de l'histoire. Aucun port au monde n'est mieux situé pour le commerce. D'une entrée sûre et d'une sortie facile, aucun n'est mieux situé pour communiquer avec l'Europe, l'Amérique, l'Afrique, les Indes et les îles de la mer du Sud. Rio enfin semble être destiné à former le chaînon qui lie par le commerce les différentes parties du globe ; il commande toutes les ressources d'un pays immense et fertile.

Nous venons de révéler le but et l'objet de cet écrit. Entrons en matière, invoquons des souvenirs contemporains, assignons les causes qui ont amené l'indépendance brésilienne et la révolution impériale, rassurons les cabinets de la vieille Europe à cet égard, en leur présentant le récit des faits dans tout leur jour et dans tout leur développement. Nous examinerons ensuite s'il est possible de rétablir la dépendance du Brésil; nous verrons quels effets doit produire sur le Portugal sa séparation ; nous parlerons en outre de ses rapports avec l'Europe, et nous ferons aussi connaître son état actuel.

L'INDÉPENDANCE

DE

L'EMPIRE DU BRÉSIL,

PRÉSENTÉE

AUX MONARQUES EUROPÉENS.

CHAPITRE PREMIER.

Des Causes qui ont amené l'émancipation et l'indépendance du Brésil.

Ouvrez l'histoire du Brésil, et vous verrez que sa colonisation commença par des concessions d'immenses terrains faites par la couronne aux Barros, aux Coëlho, aux Pereyra, aux Souza, aux Campo-Tourinho, aux Figueredo, aux Fernandez, et à d'autres grands du Portugal. Ces concessions formant alors chacune ce qu'on appelait une capitainerie héréditaire, étaient accompagnées de grands priviléges; le Brésil n'a donc été colonisé que sur les bases du régime féodal.

Des débarquemens irréguliers jetant l'épouvante parmi les peuplades brésiliennes, auraient rendu toute colonisation impossible, si les rois de Portugal n'avaient concédé à des seigneurs les diverses provinces, à la charge par eux de les peupler. Peu d'établissemens furent fondés uniquement par la couronne. Les capitaineries de St.-Paul, St.-Vincent et St.-Amaro, furent les premières colonisées. La fondation de Bahia, celle de Rio-Janeiro, et long-temps après l'établissement de la colonie du St.-Sacrement, ressortirent directement du gouvernement de la métropole.

Le plus vif intérêt accompagne l'histoire de l'origine, des vicissitudes, des progrès des établissemens Portugais au Brésil, et du développement prodigieux de ce nouvel empire de l'hémisphère austral.

Aucune possession du Nouveau-Monde n'a été si long-temps et si souvent disputée, non-seulement par les naturels, mais encore par les nations formidables de l'Europe, telles que les Français, les Anglais et les Bataves, qui s'y portèrent tour-à-tour, soit pour piller le Brésil, soit pour s'y établir.

Cette suite d'entreprises et d'événemens embrasse une période de trois siècles, jusqu'à l'émigration de la Famille Royale de Bragance.

Il existait donc au Brésil, ou des terres seigneuriales, ou des communautés d'habitans, comme dans les pays d'où étaient sortis les premiers colons;

c'est-à-dire, que les priviléges accordés à ces communautés naissantes étaient en harmonie avec les priviléges des municipalités de la métropole. Or, il n'y avait que peu de différence entre cette organisation politique et celle de la mère-patrie.

Quant aux concessionnaires, ils jouirent de presque tous les droits régaliens, sauf celui de battre monnaie; ils faisaient la guerre et la paix avec les chefs des peuplades Brésiliennes; ils donnaient des lois, établissaient des impôts.

Le fond de la population blanche provint de colons transportés du Portugal, de Madère et des Açores, établis aux frais ou pour le compte des concessionnaires seigneuriaux. Toutefois la couronne fournit des facilités, des moyens de transports aux familles des Açores qui demandèrent à être transférées au Brésil. Quant à la population indigène, elle fut plus ou moins disciplinée, soit par le mélange avec les premiers envahisseurs, soit par les missionnaires qui ont été les vrais apôtres du Brésil.

Ce ne fut que vingt ans après la division du Brésil en capitaineries, qu'on y établit un centre général de gouvernement. San-Salvador de Bahia fut choisi alors pour capitale, et Bahia garda ce haut rang jusqu'en 1773. A compter de 1600, le gouverneur du Brésil eut le titre de vice-roi; or, le Brésil était déjà considéré comme un royaume; mais ce royaume était administré en premier ressort par un conseil d'outre-mer, établi à Lisbonne, exerçant les fonctions de la magistrature suprême pour tous les pays extra-européens. Ce conseil d'outre-mer était composé de Portugais. Tous les emplois que distribuait le gouvernement de Lisbonne étaient donnés au Brésil à des Européens; on ne voyait pas un seul Brésilien dans le corps diplomatique ni au conseil-d'État; et cependant le Portugal était la patrie des Brésiliens comme des Portugais. Origine commune, même chef de gouvernement, même langue, même religion, même organisation politique; plus il y avait d'analogie, moins il aurait dû y avoir d'inégalité. Il ne fallait rien moins qu'une révolution, pour ainsi dire universelle, pour faire changer cet ordre abusif de près de trois siècles; car, indépendamment de l'annulation des droits politiques, les habitans du Brésil gémissaient sous le régime vexatoire du monopole.

La maison de Bragance jugea mieux de sa monarchie d'outre-mer, quand, en 1807, le Portugal fut envahi par les Français, et que don Juan de Bragance, prince du Brésil, qui, en 1799, avait pris les rênes de l'État sous le titre de Régent, réalisa le plan hardi, conçu par Pombal, de transporter le siége de la monarchie au Brésil.

Cette seule résolution était une reconnaissance bien positive de l'existence indépendante du Brésil, comme État; en effet, quel que fût le sort que la

Providence réservât au Portugal, les Brésiliens apprenaient trop bien à connaître leur force et leur dignité, pour se croire liés jamais par ce que le destin des armes aurait décidé à deux mille lieues de leurs possessions.

Jusque-là, le continent américain avait été miraculeusement préservé du fléau des révolutions. Ce fut d'abord aux Antilles que se firent sentir les premiers ouragans détachés de la tempête de la révolution française qui commençait à fondre aussi sur l'Europe. Dès-lors, on eût dit que l'heure de l'émancipation avait sonné, soit par suite de l'inévitable propagation des principes de la démocratie, soit par l'effet tout aussi certain d'une guerre générale, qui ne pouvait manquer de se répercuter en Amérique.

Bientôt, en effet, tout l'ordre colonial, qui subordonnait l'Amérique à l'Europe, fut visiblement ébranlé dans ses principes constitutifs comme dans son état politique. Toutefois ces semences fermentèrent pendant 16 ans, et le feu couva sous la cendre. La révolution d'Espagne, par suite du débordement du pouvoir révolutionnaire, l'invasion du Portugal par le même pouvoir, et l'émigration de la Famille Royale de Bragance : tels furent les événemens d'Europe qui donnèrent le signal de l'embrasement des deux Amériques. Le Brésil seul fut en quelque sorte préservé, en s'abîmant dans l'ivresse de son émancipation, par l'effet de l'établissement dans son sein, de sa monarchie fugitive et chérie. Jamais refuge ne fut mieux choisi et n'offrit de plus douces consolations à la maison de Bragance.

La Famille Royale, les ministres et tout le gouvernement portugais, abordèrent au Brésil le 22 janvier 1808, avec peu d'espérance de reconquérir le Portugal. De Bahia, où la cour fut reçue aux acclamations universelles, au milieu des élans d'une joie indicible et où tout fut mis aux pieds du Roi, argent, ressources, propriétés, la cour se dirigea vers Rio-Janeiro, où fut établi le siége du gouvernement. Toute sa sollicitude eut pour objet de former un établissement qui consolidât en Amérique sa puissance, dans le cas où le Portugal serait perdu pour elle.

Il fallut songer à une nouvelle organisation et centraliser le pouvoir, afin que le Brésil prît le caractère d'une véritable monarchie. D'abord les provinces qui peu à peu avaient été détachées de l'autorité du vice-roi, reconnurent nouvellement la capitale dans Rio-Janeiro. Sa cour d'appel devint une cour de révision pour tout le Brésil. Un tribunal suprême de justice de police et d'administration y fut créé à l'instar de celui de Lisbonne ; il en fut de même du tribunal chargé des affaires ecclésiastiques, du conseil des finances, et enfin du suprême conseil militaire remplaçant les conseils de guerre et de la marine.

Le seul esclavage qui pesât fortement sur le

Brésil, était celui du monopole : il était odieux ; il opprimait toutes les parties de l'empire ; il s'exerçait plus particulièrement sur les villes maritimes. Cet obstacle, le seul qu'il y eut à un régime raisonnable, disparut.

Dès-lors le commerce du Brésil fut ouvert à toutes les nations ; des ambassadeurs des puissances vinrent à Rio-Janeiro, et de cette capitale partaient les instructions et les ordonnances pour les colonies de Mozembique, de Loango, de Goa et de Manille. Le Brésil qui, jusqu'alors, avait été une colonie, avait à son tour des colonies ; il s'en fallait peu que le Portugal ne fût considéré comme tel dans le reste de l'Europe. Dès-lors aussi la voix du peuple put être entendue, et l'opinion publique consultée.

Ces heureux changemens, les Brésiliens les accueillirent avec le plus vif enthousiasme. L'influence salutaire de la présence du gouvernement se fit sentir de plus en plus. Ainsi l'on peut dire que l'indépendance du Brésil remonte à l'époque de l'émigration de la famille de Bragance.

Quand après quelques mois d'invasion, les Français évacuèrent Lisbonne, les anciens tribunaux, les bureaux, les conseils y furent rétablis, mais ceux du Brésil furent maintenus ; de sorte que chaque état, ou plutôt chaque royaume, eut ses magistratures centrales, ses administrations supérieures, indépendantes l'une de l'autre, av e c la différence que l'état du Portugal, exposé encore aux invasions, était précaire, et que le Brésil offrait solidité et sécurité.

La résidence du souverain du Portugal au Brésil fit naître cette question de souveraineté. L'Europe recevra-t-elle des lois de l'Amérique, et l'Amérique aura-t-elle des colonies en Europe ? Il restait démontré que le Portugal avait besoin du Brésil, mais que le Brésil n'avait plus besoin du Portugal, et qu'il était impossible que l'union des deux pays subsistât aux mêmes conditions et dans les mêmes termes.

On a vu que les ports du Brésil furent ouverts à toutes les nations. Il était naturel que le commerce anglais fût favorisé; c'était à l'aide des Anglais que les Portugais venaient de reconquérir leur royaume d'Europe. Ces insulaires avaient fait d'immenses sacrifices d'hommes et d'argent. La cour du Brésil trouva juste de leur accorder des faveurs et de les indemniser. Par le traité de commerce, conclu en 1810 avec l'Angleterre, les marchandises des îles britanniques n'eurent à payer aux douanes du Brésil que 15 pour 100 de droit d'entrée, au lieu de 24 pour 100, taux commun du tarif avec les autres nations.

Ici le Portugal se crut lésé de tous les avantages procurés au Brésil; on se plaignit à Lisbonne, où les effets de la séparation commençaient à se faire sentir.

Il manquait au Brésil l'occasion d'organiser régulièrement ses milices; elle se présenta. La guerre étant allumée dans toutes les parties de l'Espagne, et les princes de la famille royale se trouvant captifs de Napoléon, la princesse de Portugal réclama la régence qui devait lui appartenir ; ce fut en vain, ses droits ne furent point reconnus par les cortès espagnoles, et bientôt même une guerre assez vive s'alluma entre le Brésil et les Espagnols de Buénos-Ayres conduits par Artigas. C'est ainsi que les Brésiliens, qui avaient vécu dans une longue paix, commencèrent à s'aguerrir de nouveau.

Ce fut en 1815, que Jean VI, devenu roi par la mort de sa mère, éleva le Brésil au rang de royaume par une loi du 16 décembre. Cet acte solennel, qui combla de joie les Brésiliens, était conçu en ces termes : « Reconnaissant combien serait » avantageuse à mes sujets une identité parfaite » entre mes royaumes de Portugal et des Algarves » et mes domaines du Brésil, en élevant ceux-ci » au rang qui leur appartient, aspect sous lequel » ils ont été considérés *par les plénipotentiaires* » *qui ont formé le congrès de Vienne*.... Je veux, » et il me plaît d'ordonner, qu'à compter de la » publication de la présente loi, l'état du Brésil » soit élevé à la dignité, prééminence et dénomi- » nation de royaume. »

On voit, par les termes mêmes de cet acte solennel, que le roi de Portugal avait notifié sa résolution au congrès de Vienne, qui, à cette époque, reconstruisait l'édifice de l'Europe, en travaillant à fixer l'établissement de paix dans tout l'univers. Or, ce commencement de séparation, entre le Brésil et le Portugal, reçut la sanction des souverains réunis en congrès. Ce titre de royaume, donné au Brésil, influa très fortement sur l'esprit des Brésiliens; ils y virent un changement très important, la consécration de leur existence politique, et même l'acte de leur indépendance. Enfin depuis 1808, le gouvernement portugais n'avait pas cessé de siéger dans la capitale du Brésil, qui avait été l'objet de plusieurs mesures d'administration utiles et opportunes; on avait établi les droits de plusieurs villes; on avait créé des tribunaux. Rio-Janeiro avait reçu quelques embellissemens, et on avait ouvert quelques communications avec l'intérieur; mais l'ancienne inertie prévalait encore, et ce n'était qu'avec lenteur qu'on faisait des améliorations. Il fallait abandonner les institutions d'Europe et créer des institutions appropriées au Brésil. Les ministres du roi ne voyaient pas d'ailleurs les avantages du Brésil sous le même point de vue et avec le même intérêt que les Brésiliens eux-mêmes, leur attention étant presque toujours distraite par les événemens qui se passaient à deux mille lieues; ils ne pouvaient donc se consacrer entièrement à l'administration de la monarchie nouvelle.

Cependant le sentiment de l'unité s'était tellement fortifié, que lorsqu'en 1817 il y eut à Pernambuco une insurrection républicaine qui avait pour objet d'établir le système fédératif à l'instar de ce qui se passait dans les possessions espagnoles, la cour du Brésil étouffa ce mouvement sans beaucoup de difficulté et sans danger sérieux. Deux cents soldats, venus de Balisa, suffirent pour disperser ce faible foyer de républicanisme.

Ces semences d'insurrections venaient à-la-fois de l'Europe et de l'Amérique espagnole. Une plus violente tempête agita bientôt l'Espagne et le Portugal ; nous voulons parler des insurrections militaires de 1820. En Portugal, ce fut la garnison d'Oporto qui, le 24 août, établit, sous les auspices de la révolte, un gouvernement appelé *constitutionnel ;* un semblable mouvement, opéré par la garnison de Lisbonne, eut lieu le 15 septembre suivant. Les meneurs des deux foyers d'insurrections s'étant réunis, les cortès du Portugal furent convoquées à Lisbonne dans les formes démocratiques, et se rassemblèrent le 26 janvier 1821.

Jean VI apprit au Brésil les événemens du Portugal. Entouré de troupes portugaises dévouées au nouveau système, et encore frappé de l'impression que lui avait faite l'insurrection républicaine de Pernambuco, le roi, le 26 février et avant d'avoir reçu la nouvelle de l'installation des cortès, jura éventuellement la constitution qui allait intervenir.

Ce serment anticipé ne pouvait être que le résultat de conseils timides ou d'appréhension exagérée.

Le Brésil était un des trois royaumes qui formait la monarchie portugaise; il avait sauvé la famille de Bragance et avec elle le nom portugais, que Napoléon avait voulu faire tomber dans l'oubli. Le Brésil avait la cour dans son sein; il jouissait depuis douze ans de son indépendance, et déjà il était en possession de commander sur le Portugal; c'est alors que la révolution d'Oporto éclate; elle est d'abord représentée au Brésil sous des couleurs trompeuses. Il est reconnu aujourd'hui que cette révolution a eu pour mobile l'association secrète des révolutionnaires portugais avec les révolutionnaires espagnols, et que leur but était de diviser la Péninsule en républiques confédérées. Le Brésil se méprit d'abord sur les intentions des novateurs; il crut que la révolution d'Oporto n'avait pour objet que d'améliorer l'administration. La province de Para fut la première à se tromper, et Bahia, la plus riche et la plus puissante province du Brésil, étant tombée aussi dans l'erreur, entraîna le reste. L'amorce des réformes utiles, et des voix mensongères et hypocrites, trompèrent le peuple. Il n'en était pas de même à l'égard des révolutionnaires portugais; pour eux l'union du Brésil était une calamité, puisque cette union les forcerait d'obéir encore au roi Jean VI, qui régnait sans contestation au Brésil.

Il paraît certain que l'insurrection du Portugal a eu aussi pour motif de mettre un terme à son état de colonisation, relativement au Brésil. C'était leur prééminence que prétendaient recouvrer les Portugais, à la faveur du système démocratique, projet aussi absurde qu'impraticable.

A peine installées, les cortès de Lisbonne invitèrent leur roi, qui régnait au Brésil, à revenir dans son ancienne capitale, soit que les meneurs, comptant sur le refus du Roi, voulussent former un tout du Portugal et de l'Espagne, soit qu'ils n'attendissent qu'un prétexte pour se débarrasser de la maison de Bragance, et remplacer la monarchie par le chaos.

Mais un certain parti opposé à la ligue révolutionnaire d'Europe, conçut le projet de sauver le Portugal en sacrifiant le Brésil. Ce parti s'attacha dès-lors à persuader au Roi que s'il retournait en Portugal, la faction révolutionnaire tomberait, et qu'il recouvrerait ainsi toute sa puissance. On se garda bien de lui représenter qu'avec cette chance douteuse il se présentait un autre cas impossible : de gouverner le Brésil étant à Lisbonne, car le Brésil émancipé n'était plus disposé à obéir au Portugal, qu'il regardait depuis douze ans comme une colonie. Mais il fallait sauver certaines maisons, certaines prétentions, certains priviléges, et l'intérêt particulier fit taire l'intérêt général.

Désormais le même souverain ne pouvait plus

commander aux deux royaumes; il lui fallait opter. Si le roi restait au Brésil, le Portugal ne voulait plus se borner à devenir une province du Brésil; si le roi renonçait au Portugal, le Brésil, qui avait déjà goûté les douceurs d'un gouvernement local, n'en voudrait plus d'autres. Dans tous les cas, le divorce était infaillible.

Jean VI, avec un sens plus sûr que celui de plusieurs de ses conseillers, reconnut la difficulté de conserver le Brésil sous la dépendance du Portugal, et en conséquence il résolut de laisser l'héritier de la couronne à Rio-Janeiro, et de traverser de nouveau l'Atlantique pour revenir à Lisbonne avec la plus grande partie de sa famille.

Avant son départ, il nomma, le 22 avril, son fils aîné, don Pedro, régent du nouveau royaume, avec une délégation complète de ses pouvoirs, avec la plénitude de son autorité, et jusqu'au droit de faire la paix ou la guerre. Cet acte était implicitement une déclaration confirmative de l'indépendance du Brésil. Ce fut alors que, possédé en quelque sorte de l'esprit prophétique, Jean VI adressa ces paroles ou plutôt ce conseil royal à don Pedro : « Mon fils, je te confère toute mon autorité; veille » à ce que le Brésil ne devienne la proie ni des » factieux, ni d'un aventurier, et plutôt que de » voir cette belle couronne ravie par l'usurpation, » pose-la sur ta tête. »

Le Roi mit à la voile, et don Pedro eut à soutenir le poids du gouvernement sous les plus tristes auspices. La réaction du Portugal sur le Brésil ne pouvait manquer d'agiter et de mettre en péril la nouvelle monarchie.

CHAPITRE II.

De la Conduite politique de don Pedro, seul conservateur du régime monarchique dans le nouvel hémisphère.

Tout autre prince que don Pedro, dans un âge où les passions font taire la raison, eût mis aussitôt à profit le conseil de se saisir de la couronne au moindre mouvement qu'il eût été facile de susciter ou de supposer ; mais on va voir que ce prince a obéi, jusqu'au dernier moment, aux volontés manifestées par son père, c'est-à-dire, à la volonté des cortès de Lisbonne, qui parvinrent sans peine à subjuguer la personne royale et à lui dicter des lois. On verra que don Pedro se montra même disposé à se soumettre à ceux qui, au nom du Roi, lui ordonneraient de quitter le Brésil et de revenir en Portugal. Mais comme c'eût été remettre ce bel empire aux mains de l'anarchie, les royalistes Brésiliens se confédérèrent pour sauver leur pays, et supplièrent don Pedro de ne pas les abandonner.

Entrons dans le récit des faits :

Dès le 29 mars 1821, les cortès de Lisbonne avaient publié les bases d'une constitution future qui ne contenait encore que des principes; c'était aussi avec des principes dogmatiques qu'on avait propagé la révolution française. Ici, on voyait le retour du même fléau ravageant un autre sol et menaçant de nouveau l'Europe, par différens foyers établis à Naples, à Madrid, à Turin et à Lisbonne.

L'article 21 de la future constitution, née sur les bords du Tage, parut d'autant plus remarquable, qu'il était peut-être le seul qui eût une apparence de prudence et de sagesse. Il bornait le pouvoir de la constitution aux Portugais résidens en Europe, et ne la rendait obligatoire pour les autres que de leur propre consentement. Il est clair que cette disposition était faite pour le Brésil, et que les cortès reconnaissaient en principe son indépendance; car c'est être indépendant que de pouvoir se réunir pour délibérer de ses lois politiques, pour les accepter ou les refuser.

Ces bases de constitution n'étaient point encore parvenues officiellement à Rio-Janeiro, que déjà les corps armés portugais s'apprêtaient à leur jurer fidélité. Le prince régent harangue aussitôt avec fermeté les troupes insubordonnées et déclare qu'il ne prêtera serment que lorsqu'il connaîtra la volonté du peuple à cet égard. Les électeurs convoqués et leurs vœux une fois connus, le serment est prêté à la constitution future. De cette primeur anarchique, pour ainsi dire, sortit la formation d'une junte associée à l'autorité du prince et formée d'après le décret des cortès. C'était autant de semences de révolution. Mais tel est déjà l'esprit public des Brésiliens, que n'ayant aucun égard pour la junte et ne lui adressant aucune requête, ses membres, d'eux-mêmes, jugent à propos de se séparer.

Toutefois, quel tableau présente alors le Brésil! les fonds de la banque dilapidés, les provinces n'envoyant plus aucun secours au trésor, les troupes européennes dans une attitude hostile ; la seconde ville du Brésil, Bahia, méconnaissant bientôt l'autorité du prince et se rangeant dans le ressort des cortès; et le Brésil, comme le Portugal, révélant deux partis : ceux qui voulaient maintenir ; ceux qui voulaient modifier les anciennes institutions. La majorité inclinait pour ces derniers. On s'aperçût que les fermens de l'insurrection de Pernambuco agissaient encore sourdement, et que les amis d'un changement révolutionnaire s'étaient réunis par fraternité d'opinions avec les troupes portugaises.

Dans des circonstances si difficiles, le régent montra une sagesse et un aplomb au-dessus de son âge. Il fit d'abord en faveur du pays tous les sacrifices personnels qui dépendaient de sa volonté, réduisant sa dépense, réformant les 600 chevaux de son écurie, n'en gardant pas même (1) cinquante,

(1) Au Brésil comme en Espagne, on se sert de mules pour les voitures.

et vivant à la campagne avec la plus stricte économie. A force de soins, de réformes et de sacrifices, le prince réduit le budget de l'État de cinquante millions de francs à quinze millions, espérant le réduire encore.

Et c'était ce même prince, connu jusqu'alors pour aimer passionnément les plaisirs d'Europe, ayant des équipages, aimant la chasse, les amusemens bruyans, les fêtes militaires! Dépositaire du pouvoir, tout-à-coup il s'applique avec zèle et aptitude aux affaires de son cabinet; il monte à cheval, non par dissipation ou désœuvrement, mais pour un but utile; combinant la vie agitée avec la vie laborieuse, et forçant tous ceux qui l'entourent à renoncer à leur apathie. Tout annonça bientôt qu'il était appelé à de grandes destinées.

Mais tous ses efforts pour faire le bien allaient s'évanouir; les passions politiques n'en tenaient aucun compte; au Brésil comme ailleurs, existait le préjugé que la liberté doit être l'ennemie du pouvoir souverain. Les ministres du régent que lui avait laissés son père étaient odieux aux uns, comme portugais; aux autres, comme suspects d'attachement à l'ancien ordre de choses. L'impopularité du ministère allait jusqu'à porter atteinte à la popularité du régent; on forma des demandes aux cortès pour obtenir son rappel. De dégoûts en dégoûts, le prince découragé d'ailleurs par le mauvais état des affaires, par l'insubordination des troupes, par les entraves de la junte, par les exigences des partis, et enfin par l'isolement des provinces qui le réduisaient à n'être que le gouverneur de Rio-Janeiro, n'aspira plus qu'à retourner en Europe. Agité par deux sentimens contraires, il sentit pourtant qu'il avait des devoirs sévères à remplir; qu'il était retenu au Brésil par l'engagement contracté envers le Roi son père, d'y demeurer pour le conserver, en cas de séparation, à la dynastie de Bragance. Ces nobles pensées prévalurent, et bientôt les Brésiliens, fiers des sentimens qui animaient le prince, furent désarmés; ils reconnurent son activité, sa bonté, l'ardeur avec laquelle il ne cessait de travailler aux affaires du gouvernement; et, touchés de ce qu'il y avait de pénible dans sa position, ils lui donnèrent leur amour en ramenant à lui la popularité. Les sentimens habituels d'affection et de respect pour la maison de Bragance, ralentis un moment par des défiances, se réveillèrent avec plus de force; il s'y joignit un sentiment d'idolâtrie pour les vertus et pour les qualités aussi brillantes qu'aimables de la jeune archiduchesse Léopoldine, fille de l'empereur d'Autriche, et femme révérée du régent don Pedro.

Cependant les cortès de Lisbonne n'avaient ménagé le Brésil qu'autant qu'elles avaient pu craindre qu'il ne repoussât leur autorité. Plus rassurées depuis l'arrivée du Roi, et comptant sur l'appui du parti portugais qui s'était montré au

Brésil, elles agirent dans un autre système, pour assujettir de nouveau cette vaste contrée au Portugal. Attribuant la décadence du royaume à l'indépendance du Brésil, elles résolurent, dans des vues nouvelles, de ne former qu'un tout de deux royaumes si différens et si éloignés l'un de l'autre. La susceptibilité des Brésiliens s'en alarma; ils voulaient bien aider les Portugais à se donner un gouvernement libéral, mais ils voulaient être libres comme eux. Ils concevaient la révolution comme devant limiter également l'autorité royale en Portugal et au Brésil, et unissant les deux nations sous un pacte fédéral. Toute autre combinaison leur était odieuse.

Dans les deux pays, en Portugal comme au Brésil, la tendance des esprits les portait à diminuer la prérogative de la couronne. Dès son arrivée en Europe, Jean VI n'avait plus été que l'instrument trop docile des cortès. Sans le concours des députés du Brésil, n'en ayant même aucun des autres parties de la monarchie éparpillées dans les quatre parties du monde (1), les cortès composées seulement des députés du Portugal, commencèrent l'œuvre d'une constitution qui devait gouverner toutes les parties de la monarchie. On aurait dit

(1) Ce n'est qu'à la fin de la session que deux députés du Cap-Vert et un d'Angola, prirent place dans le congrès de Lisbonne. Nous ne parlons pas des députés des Açores et de Madère, qui étaient censés faire partie du royaume.

que les députés portugais avaient des procurations générales ; que, pour être né en Portugal, on était plus noble, plus puissant que dans les autres parties de la monarchie ; et que tous ses sujets dans les deux hémisphères étaient décidés à s'accommoder des décisions ultra-démocratiques de Lisbonne.

A leur arrivée aux cortès, les députés de Bahia furent les premiers qui demandèrent à être autorisés à exprimer leur opinion sur les articles constitutionnels déjà décrétés ; on qualifia leur demande d'effrontée. Un grand débat eut lieu à ce sujet, et à la fin les cortès décidèrent qu'on ferait des articles additionnels pour le Brésil. Huit mois se passèrent dans des discussions continuelles, les députés du Brésil protestant toujours contre les délibérations des cortès à l'égard de leur pays, et demandant toujours inutilement ce qu'ils croyaient utile et nécessaire à sa prospérité. Le nombre des députés du Portugal étant le double de ceux du Brésil, ceux-ci succombaient toujours dans les discussions ; au lieu de prendre les mesures salutaires qu'ils sollicitaient, on faisait embarquer des bataillons contre leur pays. Les députés du Brésil demandaient des lois ; on leur envoyait des soldats.

La constitution achevée, ils présentèrent les articles additionnels qu'on les avait autorisés à rédiger ; on ne daigna pas même les lire ; ils furent rejetés. Les cortès nommèrent un comité en lui assignant des bases; il fit des articles additionnels sur le Brésil, que les députés du Brésil rejetèrent à leur tour.

Cependant le roi Jean VI, témoin de ces débats ou plutôt de ces déchiremens, et pouvant juger des effets qu'ils produiraient au-delà des mers, jura la constitution, cette même constitution que le Brésil repoussait. Son rejet, le Brésil le manifestait et par les protestations de ses députés, et par ses insurrections contre les décrets des cortès portugaises. En prêtant serment d'observer cette constitution, le roi semblait ne plus hésiter dans le parti qu'il voulait suivre; il se rangeait, au détriment du Brésil, du côté du Portugal. Il ne fit en son nom aucune proposition au Brésil; aucune loi fondamentale ne lui fut proposée ni offerte; or les Brésiliens se trouvèrent dans la nécessité ou d'adopter forcément une constitution démocratique qu'ils ne voulaient pas, ou de se détacher du Portugal.

Bientôt la dissidence entre les deux pays fit sentir aux Brésiliens le besoin de la royauté. La précipitation avec laquelle les cortès avaient rédigé la constitution, et même les articles relatifs au Brésil sans attendre ses députés, le peu d'égards qu'on eut ensuite pour leur réclamation, augmentèrent le mécontentement et la défiance. Au contraire, la confiance se rétablissait graduellement entre le prince-régent et les Brésiliens. Déjà ils ne voyaient plus les troupes portugaises comme les auxiliaires de leurs opinions, mais comme des ennemis du Brésil qui avaient en vue de l'asservir.

En acquérant plus d'autorité, le régent sentit que le salut de l'Amérique portugaise, et ce qu'on pourrait conserver de son union avec Lisbonne, exigeait qu'il se déclarât le chef du parti brésilien; car se joindre aux Portugais pour leur soumettre la nouvelle monarchie, n'aurait fait qu'entraîner sa propre ruine et précipiter l'indépendance du Brésil, qui se serait organisé en républiques fédératives.

Toutefois le prince refusa d'abord la couronne impériale qu'on voulut lui décerner dès les premiers jours d'octobre 1821. Presque au même moment, les cortès de Lisbonne, aveuglées ou emportées par la passion, rendaient leur décret du 29 septembre, portant que le Brésil, dissous en gouvernemens provinciaux, correspondrait désormais avec le ministère du Portugal; que les tribunaux supérieurs seraient supprimés; que le prince-régent reviendrait à Lisbonne, et qu'à son retour il voyagerait en Espagne, en France et en Angleterre, accompagné d'un cortège nommé par les cortès.

C'était vouloir que le Brésil obéît à un décret qui lui ôtait toute espérance de royauté, et qui mettait tout le Nouveau-Monde dans les mains de la démocratie. Tel était le plan des révolutionnaires de la Péninsule.

Mais un tel décret ne pouvait manquer d'être le signal de la séparation complète. Rien ne devait plus irriter les Brésiliens que le morcèlement de leur pays, que la suppression de la cour et des tribunaux, que la dureté du traitement imposé à l'héritier du trône, rappelé comme un simple fonctionnaire amovible; don Pedro ne pouvait voir que des espions dans les compagnons forcés qu'on lui destinait.

C'est ainsi que Lisbonne révolutionnaire créa un centre à l'émancipation du Brésil, en offrant pour ainsi dire à un prince d'un caractère fier et d'une résolution forte, une contrée entière prête à le défendre. Les décrets des cortès arrivent à Rio-Janeiro le 10 décembre. Aussitôt la plus grande fermentation règne dans la capitale; tout y prend un aspect hostile sans que les bataillons portugais puissent intimider les Brésiliens. Presque à-la-fois les trois provinces de Saint-Paul, de Rio-Janeiro et de Minas, auxquelles se joint celle de Rio-Grande, adressent au prince des représentations véhémentes. La presse, les discours, tous les organes par lesquels se manifeste l'opinion du public, indiquent la plus violente agitation. Le président de la députation municipale de Rio-Janeiro dans sa harangue au prince s'exprima en ces termes : « La sortie de vo-
» tre Altesse royale des états du Brésil, sera le dé-
» cret qui sanctionnera pour jamais l'indépendance
» de ce royaume. »

Cette indépendance n'était autre chose que la formation du Brésil en républiques; car pour sa recolonisation, elle était impossible. Il n'y avait plus qu'un seul lien entre les deux pays, et c'était le prince qui le formait et qui seul pouvait le maintenir. « Puisque c'est pour le bien de tous, dit-il au » sénat municipal, et pour le bonheur général de la » nation, je suis décidé : dites au peuple que je » reste. Je n'ai plus qu'à vous recommander l'u- » nion et la tranquillité. »

Don Pedro voulant sauver le Brésil, avait pris la résolution d'y rester. Pouvait-il et devait-il agir différemment? qui oserait soutenir l'affirmative? En obéissant aveuglément aux délibérations des cortès, dont le but sinistre était connu, le prince aurait trahi à-la-fois le Brésil et les intérêts de sa famille. La famille de Bragance était en péril sur les bords du Tage, et la monarchie portugaise expirait. D'un autre côté, la guerre civile dévorait le Brésil, et la démagogie étendait ses ailes malfaisantes sur cette seule partie de l'Amérique qui s'efforçait de lui échapper. Admettons que le Brésil y eût cédé avec les mêmes penchans que le Portugal : que serait devenue l'Europe? A cette époque, presque tous les trônes du midi chancelaient. Quelle force auxiliaire de plus n'auraient pas eu les révolutionnaires de la Péninsule !

La notification faite au peuple par le sénat municipal de Rio-Janeiro, le 9 janvier 1822, fut reçue au milieu des acclamations et de l'ivresse générale. Les seules troupes portugaises restèrent mornes; le bruit se répandit qu'elles voulaient mettre à exécution à force ouverte le décret des cortès et enlever le prince. Ces bruits émurent le peuple. Le général portugais Avilez ayant donné sa démission et demandé son retour en Europe, les soldats prirent les armes le 11 pour se donner un autre commandant. En apprenant la prise d'armes des bataillons portugais, les Brésiliens les imitèrent. En peu d'heures le camp de Sainte-Anne fut couvert de troupes créoles et d'une foule d'habitans armés. On était à la veille d'un choc; des deux côtés on avait de l'artillerie. L'aspect d'une population entière sous les armes refroidit l'ardeur des troupes européennes; elles négocièrent: c'était s'avouer vaincues. En effet, à la suite d'une capitulation brusque, on les dirigea sur Praja-Grande de l'autre côté de la rade, et on prépara tout pour leur embarquement.

Là, revenues de leur émotion, elles prirent de nouveau une attitude menaçante, déclarant qu'elles resteraient jusqu'à l'arrivée d'une expédition européenne déjà annoncée. Le moment pressait; il était grave. Le prince fait armer des vaisseaux; appelle des renforts de Saint-Paul, de Minas, et fait bloquer par terre et par mer la petite armée portugaise. Se plaçant lui-même à bord du bâtiment commandant, il saisit la mèche d'un canon qu'il fait tourner contre l'armement portugais, puis crie au général ennemi en se montrant à découvert: « Ce

» canon est à moi, et vous reconnaîtrez le premier » coup, car ce sera moi qui le tirerai! » Ces paroles royales font une telle impression, que les troupes portugaises, dans les journées du 12 et 13 février, se rembarquent et mettent à la voile. On les avait déjà perdues de vue quand fut signalée une autre flotte européenne portant de nouvelles troupes. L'expédition était composée de différens bâtimens de guerre, entre autres du vaisseau *le Jean VI*, à bord duquel le commandant Maximilien était chargé de ramener don Pedro à Lisbonne. Ses instructions portaient de se mettre aux ordres du prince à son arrivée à Rio-Janeiro. Le prince lui ayant dit publiquement: « le seul ordre que j'aie à vous donner, c'est de vous en aller; » et défense ayant été faite aux troupes de débarquer, l'expédition, moins une frégate que retint le prince, remit à la voile. Le commandant subit à son retour à Lisbonne une enquête pour avoir suivi trop à la lettre ses instructions, et fut immédiatement révoqué.

En rendant compte au roi de ces graves événemens, don Pedro lui exposa le vœu des provinces pour conserver au Brésil un centre de gouvernement unique, mais assujetti, quant à la législation et à l'administration générale, au roi et aux cortès.

Celles-ci, effrayées à l'arrivée de ces nouvelles et redoutant l'émancipation entière, décrétèrent le 6 mars qu'on ne discuterait le titre de la constitution relative au Brésil qu'après avoir entendu ses députés; puis une commission proposa de suspendre le départ du prince régent et de surseoir à la désorganisation des magistratures centrales jusqu'à leur remplacement; elle offrit en outre une ou même deux délégations du pouvoir exécutif au Brésil. Ces propositions étaient insidieuses; la division du Brésil en deux parties eût été l'équivalent de sa soumission à Lisbonne, car il n'aurait plus offert aucun moyen efficace de résistance.

Mais tandis qu'on délibérait sur les bords du Tage, on agissait au Brésil. Minas et la capitainerie de Spiritu-Sancto adhéraient au système brésilien. A l'exemple des habitans de Rio, ceux de Pernambuco venaient de renvoyer en Europe leur garnison portugaise. L'élan était universel; mais il fallait diriger ce mouvement national. Or, le prince crut qu'il était temps de donner à ses opérations la sanction d'une sorte de représentation brésilienne. Ne pouvant pas, dans le système d'union qu'il était résolu de maintenir, attribuer à ce corps l'autorité législative, il se composa un conseil-d'état électif formé des procureurs généraux de toutes les provinces, et présidé par le prince lui-même. Dans les idées des cortès, c'était le gage et le garant de l'union des deux royaumes; elles ne le considérèrent pas ainsi. Après avoir long-temps discuté, elles décidèrent qu'il y aurait au Brésil autant de délégations de pouvoirs que les provinces en manifesteraient le désir. Ce n'était là qu'une nouvelle tentative pour y jeter la pomme de discorde. Mais les députés du Brésil se montrèrent dignes de la confiance de leurs commettans; ils brisèrent dans les mains des oppresseurs du Portugal les fers que ceux-ci avaient forgés pour le Brésil.

Toutefois le Portugal continuait à poursuivre et à tourmenter le Brésil, et voyant que don Pedro n'obtempérait pas à ses ordres, il avait donné pour instructions à ses émissaires, de faire croire aux peuples de cette contrée que le prince n'y restait que pour les assujettir et les rendre esclaves. Il fallut prouver le contraire par une conduite non équivoque. Ce fut alors que don Pedro fut proclamé défenseur perpétuel du Brésil, titre qui rappelait celui qu'avait pris l'héroïque Fernandez Vieira, lorsqu'il arracha le Brésil à l'occupation hollandaise. Ce nouveau titre fut conféré au prince le 13 mai 1822.

Le prince aurait voulu s'arrêter là, et sauver son père en Europe, en faisant tomber la constitution démocratique du Portugal; mais il ne lui fut pas possible d'arrêter l'élan des peuples du Brésil. Le vœu de l'indépendance, vague d'abord, prit un caractère plus prononcé, et le pouvoir monarchique prit un peu plus de consistance. Mais de tous côtés on réclamait impérieusement la séparation.

D'abord les Brésiliens n'avaient demandé que l'égalité dans la coopération au pouvoir législatif des cortès, une délégation locale du pouvoir exécutif, des magistratures centrales, et une liberté égale dans le commerce. Il n'était point question là d'abstractions ni d'une révolution dogmatique.

Maintenant, ils exigeaient une législature séparée, ne voulant plus qu'une alliance entre les deux nations sous la protection et la direction du monarque. Aucune dissidence ne se faisait remarquer entre les divers partis qu'avaient fait naître les troubles du Brésil, ni dans leur intention et leurs vœux contre le rétablissement de l'union ancienne avec le Portugal; c'est d'ordinaire ce qui arrive dans les divisions intestines qui sont presque toujours assoupies par les querelles extérieures.

Le Brésil marchait à grands pas vers un autre ordre de choses. Avant même que les procureurs généraux des provinces qui devaient former le conseil-d'état fussent assemblés, les autorités locales avaient demandé une assemblée constituante et législative; le conseil-d'état lui-même, à la première séance, déclara son insuffisance et réclama la même convocation.

Le prince l'accorda par son décret du 3 juin, jugeant indispensable de renforcer l'unité brésilienne par l'élection d'une *assemblée*, mot français adopté de préférence à celui de cortès.

La marche des cortès de Lisbonne à l'égard du Brésil, ne cessa pas un moment d'être passionnée et incohérente. Après avoir détruit ou singulièrement modifié, comme illégal et despotique, le pouvoir que le roi exerçait sur le Portugal, elles auraient voulu se servir du même pouvoir pour faire prévaloir en Amérique le même système qu'elles avaient renversé en Europe. Toutes les demandes du Brésil furent rejetées, et un nouvel ordre pour le retour du prince en Portugal, fut notifié à la suite des actes du 6 juillet, qui justifièrent la convocation de l'assemblée brésilienne dont les cortès n'avaient pas encore connaissance.

Mais toutes ces mesures, empreintes de hauteur, et respirant la menace de la part du plus faible, ne faisaient que décider et accélérer les mesures d'énergie et de résistance de la part du plus fort. Les récriminations furent réciproques. Les Brésiliens reprochaient avec raison aux cortès de Lisbonne leur tendance démocratique, la captivité du Roi et l'oppression de la métropole; de leur côté, les orateurs du *congrès lusithanien* ne manquaient pas de taxer d'hommages serviles, les hommages rendus au prince régent, et d'usurpation l'extension d'autorité qu'on lui conférait. Ils allèrent jusqu'à l'accuser de despotisme, parce qu'il convoquait une assemblée constituante législative. Ne pouvant faire la guerre, les cortès refusaient de négocier, et, contrefaisant le sénat Romain, qui vendit le champ où était campé Annibal, elles disposèrent du Brésil comme si ce royaume eût encore été sous leur dépendance.

Le 19 septembre, il fut statué à Lisbonne que la convocation de l'assemblée brésilienne était nulle; que le gouvernement de Rio-Janeiro était illégal;

que la délégation du prince cesserait à l'instant ; qu'il serait tenu de revenir en Europe dans quatre mois, pour tout délai, sous peine de déchéance de ses droits héréditaires; et enfin, que les ministres, les commandans de terre et de mer, seraient responsables de leur obéissance au gouvernement intrus.

Qu'arriva-t-il ? Un an ne s'était point encore écoulé, à compter de ce décret imprudent, et déjà l'assemblée du Brésil était installée ; le gouvernement du prince-régent s'était transformé en gouvernement impérial; ses ministres exécutaient ses ordres, et les commandans de ses troupes de terre et de mer lui étaient soumis; tandis qu'à Lisbonne, ceux qui avaient prononcé contre lui des décrets iniques n'avaient su conserver ni leur pouvoir, ni même un asile.

Jusque-là, on peut dire que les peuples du Brésil avaient désiré leur séparation, mais n'avaient pas songé sérieusement à l'effectuer. Les proclamations du prince et les délibérations qui les avaient sollicitées, l'attestent suffisamment.

Le 1er. août encore, au moment où le prince décida qu'il ne serait plus reçu de troupes auxiliaires au Brésil, et que si elles se présentaient on les repousserait par la force, S. A. R. déclarait que son peuple et lui regardaient toujours les Portugais comme leurs frères.

Mais le dernier décret des cortès resserra de plus en plus le nœud de l'union brésilienne; Bahia même adhéra aux vœux des autres provinces, et Monte-Video, considéré jusqu'alors comme État indépendant, sollicita sa réunion au Brésil.

Une escadre portugaise, il est vrai, porta dans Bahia, vers cette époque, toutes les troupes dont les cortès avaient pu disposer, et le général Madeira parvint à assujettir la seconde ville du Brésil; mais il ne put jamais s'étendre hors des murs, et toute la province, les îles même de la baie demeurèrent dans l'unité brésilienne. Il en fut de même des provinces de Para et de Maranham, hors des murs de leur capitale.

Au dernier moment de leur existence politique, les cortès affectèrent encore plus de hauteur; elles abrégèrent le délai donné au prince-régent pour son retour en Europe, le menaçant de l'exclure de la couronne de Portugal s'il n'obéissait, et ordonnant de traduire devant les tribunaux les signataires de l'adresse de St.-Paul, premier brandon de l'insurrection brésilienne; enfin, elles déclarèrent que les armes et les munitions de guerre ne pourraient plus être exportées pour le Brésil, ordonnant la confiscation de tous navires qui seraient pris avec de tels chargemens, et mettant ainsi en état de blocus fictif, à l'instar de Napoléon, douze cents lieues de côtes du Brésil.

Quant à l'unité de l'administration brésilienne, vœu universel des habitans, les cortès décident d'abord qu'il n'y aura qu'un centre d'action, et immédiatement après anéantissent cette disposition, en autorisant chaque province à relever directement du Portugal, sorte de dérision et d'outrage, qui indisposa au plus haut degré les Brésiliens.

A ces mesures hostiles succéda un véritable état de guerre; car il y avait encore des troupes portugaises à Bahia et à Monte-Video. A Bahia, elles furent bloquées par les milices de la province et des provinces voisines; à Monte-Video, la garnison constituée en corps délibérant avec un conseil électif, attendit les ordres des cortès pour remettre la ville, non au régent du Brésil, mais plutôt aux Espagnols. Ainsi la guerre était déclarée et flagrante; mais de la part des Brésiliens, elle n'était nullement dirigée contre l'autorité royale de Jean VI, alors captif et au pouvoir d'une poignée de démagogues.

Dans cet état de choses, il fallait que le Brésil eût une existence indépendante et forte qui le mît à l'abri des révolutions. L'accord des provinces, la proclamation du prince, comme défenseur du pays, la convocation du conseil-d'état électif et d'une assemblée constituante, avaient établi le fait d'une séparation complète, c'est-à-dire, que le régent, pour conserver le Brésil, avait consolidé le système établi par le roi son père, à son arrivée à Rio-Janeiro.

Cette première période du gouvernement de

don Pedro fut marquée par deux publications d'une haute importance : l'une est son manifeste, sous la date de Rio-Janeiro, le 1er. août (1822), et adressé aux peuples du Brésil ; l'autre est un second manifeste adressé aux gouvernemens amis et aux nations étrangères.

Dans le premier, qui est une sorte d'appel au peuple et dont nous allons donner la substance, le prince faisait d'abord connaître aux Brésiliens que le Portugal détruisant toutes les formes établies et changeant les institutions antiques de la monarchie portugaise, voulait contraindre le Brésil à le suivre dans ce système de honte et d'avilissement.

« Mais les provinces méridionales du Brésil, » ajoutait le prince, se liant entre elles, prenant » l'attitude majestueuse d'un peuple qui reconnaît, » au nombre de ses droits, celui de vivre libre et » heureux ; ces provinces jetèrent les yeux sur » moi, le fils de leur Roi, moi, leur ami, qui, les » regards fixés sur cette riche et immense portion » de notre globe, connaissant les talens de ses ha- » bitans, les ressources inépuisables de son sol, » voyais avec douleur la marche tyrannique de » ceux qui, après avoir si indignement usurpé le » titre de représentans du peuple de Portugal, » s'étaient faits les souverains de la monarchie » portugaise...... En me confiant toutes leurs » espérances, c'est elles qui ont conservé la mo- » narchie dans le grand continent américain, et

» consacré les droits reconnus de l'auguste maison
» de Bragance.....

» Sans le cliquetis des armes, sans le tumulte
» de l'anarchie, elles me demandèrent, comme
» un garant de leur liberté et de l'honneur natio-
» nal, la prompte installation d'une assemblée gé-
» nérale constituante et législative au Brésil. J'au-
» rais voulu la différer pour voir si la folie des
» cortès de Lisbonne céderait enfin à la voix de
» la raison et de leurs propres intérêts; mais l'or-
» dre qu'elles suggérèrent, et qui fut transmis au
» consul portugais, d'empêcher toute expédition
» de munitions de guerre pour ce pays, fut une
» déclaration de guerre et le commencement des
» hostilités. Si je faiblissais dans ma résolution, je
» manquais aux promesses les plus sacrées, et il
» n'existait plus de moyens de contenir les maux
» de l'anarchie, d'empêcher toutes les fureurs de
» la démocratie et le démembrement des provin-
» ces. Quelles luttes allaient s'élever entre des partis
» acharnés, entre les mille factions qui se seraient
» successivement agitées et renversées! A qui de-
» vaient rester cet or et ces diamans de nos mines
» inépuisables? Pour qui auraient coulé ces fleuves
» immenses qui font la force et la richesse des
» états? A qui aurait profité cette fertilité de notre
» terrain, source intarissable de notre prospérité?...
» Je résolus donc; je pris le parti que les peuples
» désiraient, et j'ordonnai la convocation de l'as-

» semblée du Brésil, afin de cimenter l'indépendance politique du Brésil sans rompre entièrement les liens de fraternité avec le Portugal. » Mais les actes du congrès de Lisbonne relativement au Brésil, sont un monument continuel de » tyrannie et de délire. Le congrès a établi des dispositions législatives pour le Brésil sans avoir attendu ses représentans, faisant ainsi injure à la » souveraineté de la majorité du peuple.

» En même temps il désarmait vos forteresses, » dépouillait vos arsenaux, laissait vos ports sans » défense, appelait dans ceux du Portugal toute » votre marine, et il épuise vos trésors.

» S'il présente un projet de relations commerciales sous de fausses apparences de réciprocité » et d'égalité, c'est pour faire le monopole de vos » richesses, fermer vos ports à l'étranger, ruiner » votre agriculture, votre naissante industrie, pour » vous réduire de nouveau à l'état de pupille et de » colon. Qui pourra le croire ? il ose vous menacer » de rompre les fers de vos esclaves et d'armer leurs » mains contre leur maître.

» Au lieu d'un seul centre d'autorité dont vous » aviez besoin, le congrès veut bien vous en accorder deux ou davantage. Quelle générosité ! ou » plutôt quelle perfide adresse pour détruire la » force que cet état tient de son unité, armer les » provinces contre les provinces et les frères contre » les frères !

» Que vous reste-t-il à faire, Brésiliens? à vous » réunir dans un même intérêt, dans une même » affection, dans les mêmes espérances; à mettre » en exercice de ses fonctions l'auguste assemblée » du Brésil; elle consacrera les vrais principes de » la monarchie représentative; elle prouvera que » les idées utiles au bien public ne sont pas seule- » ment faites pour orner les pages d'un livre. Bré- » siliens! vous êtes entrés dans la grande société » des nations indépendantes ainsi que vous en » aviez le droit; vous êtes un peuple souverain; » voyez la perspective de gloire et de grandeur » qui se déroule devant vous. Si vous êtes retardés » ne vous découragez pas : des déserts de la Cali- » fornie jusqu'à ceux qui bordent le détroit de » Magellan, le torrent de la civilisation court et » coule à pleins bords. Constitution et liberté lé- » gale, sont les sources intarissables de prodiges, » et les moyens qui nous amèneront tout ce que » possède encore de bon cette Europe dont la » vieillesse se débat dans les convulsions révolu- » tionnaires. Ne craignez point les nations étran- » gères; l'Europe qui a reconnu l'indépendance » des États-Unis, et qui est restée neutre dans la » lutte des Espagnols avec leurs anciennes colo- » nies, reconnaîtra le gouvernement et la consti- » tution du Brésil.

» Mais que l'on n'entende plus qu'un cri, *union!*

» Que des Amazones à la Plata, l'écho ne répète
» d'autres mots que celui d'indépendance; que
» toutes nos provinces réunies forment un faisceau
» qu'aucune force humaine ne puisse rompre!

» Illustres *Bahians*, portion généreuse et infor-
» tunée du Brésil, vous dont le sol est encore infesté
» de ces voraces et dégoûtantes harpies, combien
» me navre votre destinée; chassez d'au milieu de
» vous des monstres qui se nourrissent de votre
» sang; déjà ils ne sont plus Portugais; chassez-les,
» et venez vous réunir à nous; nos bras vous sont
» ouverts.

» Vaillans Mineiros, intrépides Pernambucans,
» défenseurs de la liberté brésilienne, volez au se-
» cours de vos frères, de vos voisins. Ce n'est plus
» la cause d'une province, c'est celle du Brésil en-
» tier qui se défend sous les murs de la fille aînée
» de *Cabral*.

» Habitans de Ciura, du Maranham, du riche
» Para, vous tous de ces belles et fertiles provinces
» du Nord, venez rédiger et signer avec nous l'acte
» de notre émancipation, afin de nous constituer, il
» en est bien temps, en un grand corps politique.

» Brésiliens, mes amis, réunissons-nous, je suis
» votre compatriote, votre défenseur; mon bon-
» heur, soyez en persuadé, est dans votre bonheur;
» ma gloire est de gouverner un peuple généreux
» et libre! »

Dans son manifeste aux nations étrangères, sous la date du 6 août, le prince proclamant à la face de l'univers l'indépendance du Brésil comme le résultat de la volonté générale de ses habitans, exposait de la manière la plus énergique les griefs du Brésil contre le Portugal et contre le congrès de Lisbonne. « Selon les vues du congrès, disait-il, le » Brésil ne devait pas être royaume, il devait des- » cendre de son trône, se dépouiller du manteau » royal, déposer la couronne et le sceptre, et rétro- » gradant dans l'ordre politique de l'univers, rece- » voir de nouveaux fers et s'humilier comme esclave » devant le Portugal. » Plus loin, le prince assurait que les cortès de Lisbonne avaient fait l'offre à la France de lui céder une partie de la province de Para, si cette puissance voulait leur fournir des troupes et des vaisseaux avec lesquels on pût réduire le Brésil; et à l'Angleterre, dans les mêmes vues, la proposition de perpétuer le traité de commerce de 1810, et même de l'étendre par de plus grands avantages. Don Pedro terminait ainsi son manifeste : « Je viens d'exposer avec précision et » sincérité aux gouvernemens et aux nations aux- » quels je m'adresse, les causes de la dernière » résolution des peuples de ce royaume. Si le » roi, mon auguste père, était encore au sein du » Brésil, jouissant de sa liberté et libre autorité, » certainement il se complairait à remplir les vœux

» de ce peuple loyal et généreux; et l'immortel » fondateur de ce royaume, qui déjà en février » 1821, appelait à Rio-Janeiro les cortès brésiliennes, » n'aurait pas manqué dans ce moment-ci de les » convoquer comme je l'ai fait; mais notre roi se » se trouve prisonnier et captif; c'est à moi de le » relever de l'état d'humiliation auquel l'ont réduit » les factieux de Lisbonne. Il m'appartient comme » à son délégué et à son héritier de sauver non-seu- » lement le Brésil, mais toute la nation por- » tugaise.

» Ma ferme résolution, ainsi que celle des peu- » ples que je gouverne, est légitimement promul- » guée; j'espère donc que les hommes sages et im- » partiaux du monde entier, ainsi que les gouver- » nemens et nations amis du Brésil rendront justice » à des sentimens si justes et si nobles. Je les invite » à continuer d'avoir avec le Brésil les mêmes re- » lations d'amitié et d'un mutuel intérêt. Je serai » prêt à recevoir leurs ministres et agens diploma- » tiques et à leur envoyer les miens tant que durera » la captivité de mon auguste père. Les ports du » Brésil continueront à être ouverts à toutes les na- » tions pacifiques et amies qui voudront faire le » commerce que les lois ne défendent pas.

» Les colons européens qui voudront venir ici, » pourront compter sur la plus juste protection » dans ce pays riche et hospitalier. Les savans, les

» artistes, et tous promoteurs d'établissemens, y trou-
» veront aussi amitié et bon accueil ; et comme le
» Brésil sait respecter les droits des autres peuples
» et des autres gouvernemens légitimes, il espère
» aussi que, par une juste réciprocité, ses droits ina-
» liénables seront reconnus et respectés.

CHAPITRE III.

De la Révolution impériale.

Il fallait un titre à celui que tout le Brésil venait de choisir pour son défenseur perpétuel ; à celui, sous la protection duquel le Brésil abandonné par son roi, s'était rangé avec tant de confiance. Mais quel titre monarchique allait-on lui déférer ? Le Brésil formé de 19 provinces, qui, pour l'étendue, sont chacune autant de royaumes, était lui-même plus qu'un royaume ; les peuples des pays chauds d'ailleurs sont dominés par des idées gigantesques : le Brésilien veut que ses idées soient aussi grandes et aussi magnifiques que son pays même. Le titre d'Empereur étant le seul qui pût frapper les esprits, fut le seul qui parut convenir à don Pedro. Ce fut aussi par suite d'anciens souvenirs historiques, se rattachant au titre de roi, donné au comte Henri de Portugal, qui, le premier, ceignit la couronne, que les Brésiliens ajoutèrent le titre d'empereur à celui de défenseur-perpétuel, qu'ils avaient déféré au rejeton de la maison de Bragance. En élevant ainsi leur prince au rang d'Empereur, ils crurent cimenter leur indépendance ; ils y furent portés aussi, comme nous l'avons indiqué, par l'idée de la magnifique étendue de leur empire et de sa puissance future.

Don Pedro est devenu empereur du Brésil, comme le duc d'Anjou était devenu roi d'Espagne, sous le nom de Philippe V; comme Ferdinand de Bourbon était devenu roi de Naples, à titre héréditaire; et presque comme Ferdinand VII remplaça Charles IV à Aranjuès, après son abdication. Au Brésil, même légitimité, même nécessité de conserver le principe monarchique et l'hérédité de la couronne. On peut dire que la légitimité, cet ordre de succession établi par la Providence, a été légalement promulguée au Brésil dans la personne de don Pedro.

Il ne s'agit plus de savoir si le Brésil devait se séparer; il l'était de fait depuis 14 ans : il s'agit d'examiner si, à l'époque où les peuples du Brésil ont proclamé l'empire, les circonstances étaient telles que le Roi Jean VI, entouré de ministres perfides et dominé par une assemblée factieuse, pouvait être reconnu roi lui-même des deux royaumes, *non unis*, du Brésil et du Portugal.

La proclamation de don Pedro, comme empereur, fut une déclaration plus solennelle encore que le Brésil voulait assurer sa monarchie, et que les deux couronnes ne pouvaient plus rester sur la même tête. Quant au choix, pouvait-il être douteux? Un jeune prince doué de beaucoup d'activité et d'une grande force de caractère, avait vu le danger de sa patrie; ne pouvant calmer ou réprimer les passions d'un peuple ardent, il les avait saisies; il les avait pliées et dirigées; il avait dompté l'énergie révolutionnaire et l'avait fait tourner au bien de son pays et de ses peuples.

D'ailleurs, le consentement du jeune prince à leurs vœux n'avait-il pas été autorisé par le Roi? En partant de Rio-Janeiro, le roi n'avait-il pas commandé à son fils de conserver le royaume à la maison de Bragance, et, dans le cas d'une indépendance forcée, de ceindre la couronne, pour éviter qu'elle ne tombât sur la tête d'un aventurier audacieux?

Que serait-il arrivé, si le prince régent eût résisté aux vœux des Brésiliens? Admettons la chance la plus favorable: il aurait excité une guerre civile dans les provinces du Midi, et cette guerre, ne pouvant la soutenir, il serait resté même sans un refuge dans le Nouveau-Monde. C'est alors, ainsi que son auguste père en avait témoigné la crainte, qu'un aventurier, un second Iturbide se serait assis sur le trône de Rio-Janeiro, ou bien qu'un congrès fédératif remplaçant la royauté, eût divisé le Brésil en 19 républiques.

Dans l'un et l'autre cas, le Brésil perdu irrévocablement pour le Portugal, l'eût été pour la maison de Bragance, et le principe monarchique eût été à jamais banni de l'hémisphère américain.

La séparation des deux royaumes étant ainsi consommée, le Portugal et le Brésil resteront-ils étrangers l'un à l'autre ? C'est ce que nous examinerons après avoir fait connaître l'administration de don Pedro, depuis l'époque de son avènement à l'empire.

Tout, dans les affaires, marcha avec plus d'ensemble et de rapidité. Les Brésiliens furent admis enfin au ministère et au maniement des ressorts du pouvoir politique. Malgré l'espèce d'apathie reprochée ici aux Créoles, tous obéirent à l'énergique impulsion que leur communiqua l'activité inépuisable de l'Empereur.

Un bel exemple de patriotisme brésilien fut donné : nous voulons parler des souscriptions ouvertes pour l'accroissement de la marine. La promptitude avec laquelle des sommes considérables furent votées et recueillies, fait le plus grand éloge de l'esprit public brésilien. Ces sortes d'associations, n'en doutons pas, s'appliqueront bientôt aux routes, aux canaux et aux grands défrichemens.

La position du nouvel empereur n'en était pas moins délicate et hérissée de difficultés. Persécuté par le Portugal, abandonné des puissances européennes, il ne lui restait plus d'autres moyens de s'opposer aux progrès de la démocratie, qu'en temporisant avec les partis extrêmes. Qu'on imagine un peuple à deux mille lieues de distance du trône, agité par des agens révolutionnaires accourus de toutes les parties du monde, et qu'on dise s'il était possible à don Pedro de ne pas faire ce qu'il a fait ?

Les vœux des Brésiliens venaient d'appeler l'indépendance de leur patrie ; d'autres vœux, tout aussi unanimes, se manifestèrent pour qu'elle fût régie par ses propres lois et dirigée par ses enfans comme elle était défendue par eux.

Ce noble but pouvait être atteint; les enfans du Brésil réunis autour de leur empereur, pouvaient présenter à l'Europe le spectacle d'un peuple digne d'être gouverné par un excellent prince et d'un prince digne de régner sur un bon peuple. Les législateurs appelés par l'empereur don Pedro, ayant à travailler sur un terrain neuf sans être embarrassés par des préventions et des préjugés, auraient pu remplir une des plus belles missions qui s'offrît jamais à des hommes; la voie leur était ouverte pour arriver à la liberté légale sans secousse et sans révolution : il en a été autrement, nouvel exemple qu'il faut à des peuples non plusieurs législateurs, mais un législateur unique devenu l'organe des besoins de la société.

Avant d'indiquer ici les circonstances de la dernière crise intérieure du Brésil, retraçons rapidement les principaux événemens qui y ont signalé l'année 1823.

Tout en prenant le titre d'empereur, conformément aux vœux du peuple et aux conseils de ses ministres, don Pedro ne demanda ni n'obtint la moindre augmentation de revenus ni de pouvoirs. Jusque-là, il avait évité avec soin de se permettre aucun acte qui aurait pu être réputé arbitraire ou despotique. Sans ostentation dans son caractère ni dans sa vie privée; rangé, économe, il montrait d'ailleurs beaucoup de courage et de sollicitude pour ses peuples. Toutes ses habitudes étaient celles d'une vie très active; souvent à cheval, visitant de bonne heure l'arsenal de la marine et passant aussi en revue les troupes de terre, le reste de la journée, il le consacrait encore plus au travail qu'aux plaisirs.

L'empereur avait convoqué une assemblée constituante et législative qui devait s'installer le 26 février à Rio-Janeiro; il était décidé à se servir des formes d'un gouvernement dangereux pour quiconque ne sait pas faire l'emploi des mobiles, mis trop souvent en jeu, soit en Europe, soit en Amérique, pour renverser les dynasties légitimes et bouleverser l'ordre social. Des précautions dictées par la sagesse, firent voir bientôt aux révolutionnaires que ce n'était pas là un prince de leur aloi; aussi fut-il bientôt en butte à leur animosité. Ils ne lui surent bientôt plus aucun gré de s'être fait proclamer empereur constitutionnel. Ce n'était pas là un Henri III prêt à se laisser maîtriser tantôt par un parti, tantôt par un autre. Les révolutionnaires du Brésil ne tardèrent pas à s'apercevoir que don Pedro leur avait arraché l'arme avec laquelle ils voulaient eux-mêmes le frapper.

Son inconstitutionnalité parut évidente aux factieux le jour, où, peu de temps après son avènement, il ordonna que toutes les sociétés secrètes fussent fermées, ces sociétés n'étant la plupart dirigées, comme dans bien d'autres pays, que par des artisans de révolutions.

L'ajournement de l'ouverture des chambres devint un grief plus sérieux élevé par les démagogues des deux hémisphères contre ce qu'ils appelèrent *la prépotance* du nouvel empereur du Brésil.

Doit-on s'étonner que ce prince n'ait paru qu'un despote aux yeux des démagogues, précisément parce qu'il avait assez de vigueur et de courage pour s'affranchir de leur joug en tenant d'une main ferme les rênes de l'État? Il suffisait seulement qu'il appartînt à la dynastie légitime et qu'il empiétât sur le rôle humiliant tracé par les factieux aux souverains débonnaires. Il aurait fallu, selon les démagogues, que l'héritier de la couronne de Bragance eût été assez faible pour se laisser subjuguer comme l'était alors son auguste père par les révolutionnaires de Lisbonne.

Mais la popularité de don Pedro ne reçut aucune atteinte de ces clameurs; le peuple au contraire lui savait gré de se montrer tour-à-tour décidé, ferme et bienveillant quand son autorité le lui permettait sans nuire au bien de l'Etat. Une scène attendrissante ne laissa plus aucun doute sur les sentimens du peuple à l'égard de son souverain. Au moment où les chefs d'une révolte qui avait éclaté à bord de la frégate l'*Union*, étaient au pied de la potence pour subir la peine de mort à laquelle ils venaient d'être condamnés, il plut à l'empereur de commuer cette peine en celle des travaux-forcés. Cet acte inattendu de clémence, fit sur les spectateurs une si forte impression, qu'ils passèrent subitement d'un silence morne à une vive allégresse, adressant à leur prince l'hommage de leur bénédiction et de leur amour.

L'empereur ajoutait aux soins de l'administration, les soins qu'exigeait la guerre; car la ville de Bahia, occupée par le général portugais Madeira, soutenait un siége, et résistait aux attaques des Brésiliens. L'empereur y fit passer une escadre qui mit à la voile de Rio-Janeiro, donnant des ordres pour que la ville fût serrée de près.

En même temps les troupes envoyées sur le canton d'Aldea-Altas, qui, à l'exemple du reste de la province de Maranham, s'étaient déclarées pour l'empereur, se réunirent aux troupes de l'intérieur de la province, à l'effet de marcher de concert sur la ville de Maranham, où fut bientôt renversée la faction des cortès portugaises. L'établissement du gouvernement impérial fut la suite de cette expédition royaliste.

Mais cette guerre, purement locale, ne faisait aucune impression sur le reste du Brésil. Le commerce commençait à reprendre, surtout à Rio-Janeiro, et la banque faisait ses paiemens, malgré les embarras des circonstances. D'après le compte rendu de ses opérations dans l'année précédente, elle eut un profit net de 1,675,841 fr., et le dividende a été fixé à plus de 14 pour cent sur chaque action de 6,250 fr.

L'empereur, par sa conduite, ayant détruit l'opinion qu'il voulait rendre le Brésil esclave du Portugal, on imagina de rendre ses intentions suspectes; on prétendit qu'il était l'instrument de la Sainte-Alliance. Par cette insinuation, les ennemis des trônes se proposaient deux buts particuliers : d'abord, de rendre l'empereur suspect aux Brésiliens ; car la Sainte-Alliance est regardée là comme tendant au despotisme ; l'autre, c'était de s'assurer si l'empereur pouvait compter sur quelque appui en Europe. Voici quel était le raisonnement des factieux. Si l'empereur a un appui en Europe, cet appui se montrera infailliblement en voyant le prince menacé ; s'il n'en a pas, il nous sera facile de le renverser. C'était là un raisonnement de secte.

Mais quand les ennemis de l'ordre monarchique virent que l'empereur, quoique abandonné, affrontait tous les orages, ils nommèrent des députés de leur bord dans l'assemblée brésilienne, appelée constituante, dans l'espoir que leur faction y dominerait, et ferait dans l'intérieur ce qu'ils ne pouvaient faire au dehors.

Le 3 mai, anniversaire de la découverte du Brésil par le navigateur Cabral, se fit l'ouverture de la session de l'assemblée générale. Tous les députés étaient réunis. A onze heures et demie, l'empereur, accompagné de son auguste épouse, et de la princesse dona Maria da Gloria, se rendit en cérémonie de son palais à l'assemblée. La famille impériale était dans des voitures magnifiques; les rues étaient jonchées de fleurs; les façades des maisons ornées de soieries et de tapisseries; une double haie de soldats garnissait l'espace à parcourir, et l'artillerie des forts saluait de moment en moment. L'empereur s'étant assis sur son trône, prononça un discours, et y mit tant d'énergie et de grâce, qu'on aurait dit qu'il parlait d'abondance. En voici l'exorde :

« Dignes représentans de la nation brésilienne! ce jour est le plus beau qui ait jamais éclairé le Brésil; c'est celui où, pour la première fois, il se fait voir au Monde comme un empire et comme un empire libre. Quelle est ma joie en voyant réunis ici les vrais représentans de presque toutes les provinces, pour discuter mutuellement sur leurs intérêts, et pour fonder sur ces intérêts une constitution juste et libérale! »

L'empereur entra ensuite dans de grands détails sur les sujets de plainte du Brésil contre le Portugal, et sur l'état intérieur et extérieur de l'empire;

puis, revenant à ce qui avait rapport à la constitution, il dit:

« Comme empereur constitutionnel, et plus particulièrement comme défenseur perpétuel de cet empire, j'ai dit au peuple, le 1er. décembre 1822, jour auquel j'ai été sacré et couronné, que je défendrais de mon épée le pays et la constitution, si cette constitution était digne du Brésil et de moi. Je ratifie solennellement cette promesse en votre présence, et j'espère que vous m'aiderez à l'exécuter, en formant une constitution sage, juste, convenable et praticable, dictée par la raison et non par le caprice; qui n'ait pour but que le bonheur public, lequel ne saurait jamais être parfait si la constitution n'est pas appuyée sur des bases solides, démontrées telles par la sagesse des siècles. Le vrai fondement sur lequel il faut construire la liberté du peuple et la force nécessaire du pouvoir exécutif, est une constitution où les tiers-pouvoirs soient divisés de manière à ce qu'aucun d'eux ne puisse s'arroger des droits qui ne lui appartiennent pas; mais où ils soient en même temps organisés avec tant d'harmonie que jamais ils ne puissent devenir ennemis, et ne cessent, au contraire, de tendre au bonheur général de l'État; en un mot, une constitution qui, opposant des barrières à toute espèce de despotisme royal, aristocratique et démocratique, mette en fuite l'anarchie, et plante l'arbre de cette liberté à l'ombre duquel croîtra l'union, la tranquillité et l'indépendance de cet empire, destiné à devenir la merveille de l'ancien comme du Nouveau-Monde.

» L'expérience a démontré que toutes les constitutions, faites sur le modèle de celle de 1791, ne sont que des théories métaphysiques, et sont, par conséquent, impraticables. On en a eu la preuve en France, en Espagne, et dernièrement en Portugal. Elles n'ont produit nulle part, comme elles le devaient, le bonheur public ; mais, après la liberté la plus licencieuse, elles ont dégénéré, dans quelques pays, en despotisme ; et ce résultat est inévitable pour tous les autres.

» Loin de nous ces tristes souvenirs ! Ils changeraient en deuil la joie de cet heureux jour.

» Vous n'ignorez pas ce fait, et je suis convaincu que chacun des députés qui composent cette assemblée, se distingue par sa fermeté dans les vrais principes constitutionnels que l'expérience à sanctionnés. J'espère que la constitution que vous ferez méritera mon acceptation impériale ; qu'elle sera sage, juste, adaptée aux besoins locaux et à l'état de la civilisation des peuples brésiliens ; enfin qu'elle sera digne des louanges de toutes les nations, de sorte que nos ennemis mêmes puissent désirer d'imiter la sagesse de ses principes.

» Une assemblée si illustre et si patriotique, n'ayant d'autre but que la prospérité de l'empire, voudra sans doute que son empereur soit respecté, non-seulement par son peuple, mais encore par les nations étrangères, et que son perpétuel défenseur puisse remplir la promesse qu'il a faite le 1er. décembre dernier, et qu'il ratifie solennellement aujourd'hui devant la nation légalement représentée. »

On s'aperçut, dès les premières séances, qu'un parti cherchait à entraver la marche du gouvernement. Ceux qui le composaient se récrièrent d'abord contre la formule du serment prêté par les membres de l'assemblée; à les entendre, le serment était contraire à tous les principes de la liberté, puisqu'il professait obéissance à la volonté de l'empereur. Ces hommes d'ailleurs voyaient, avec une secrète inquiétude, le pouvoir impérial de don Pédro se consolider de plus en plus avec une grande rapidité.

Sa popularité éclata surtout à l'occasion de la naissance de l'infante fille de l'empereur et de l'archiduchesse Léopoldine. Les noms de Paule et de Mariane lui furent donnés en honneur des provinces de Saint-Paul et des Minas-Geraes; et, pour rendre plus solennelle la cérémonie du baptême, l'empereur éleva, au rang de ville, tous les chefs-lieux des provinces du Brésil qui n'avaient pas encore été portés à cette catégorie. Il accorda en outre, à la capitale de Minas-Geraes et à celle de Saint-Paul, le titre de villes *impériales*.

Un hospice, placé sous la protection de l'impératrice, fut fondé et doté pour les veuves et les orphelins des colons suisses venus au Brésil.

Telle était l'ardeur des citoyens pour l'accroissement de la puissance et l'augmentation de la marine brésilienne, que la seule ville de Rio-Janeiro vota par souscription et par un concours empressé des citoyens, la somme annuelle de 400,000 francs destinés à cet objet.

Cependant l'empereur était à la veille de recueillir le fruit de sa persévérance et de son activité infatigable. Bahia, la seconde ville de l'empire, était entourée et serrée de près par 20,000 hommes de troupes brésiliennes, la plupart composées de milices volontaires. Le commandement de cette armée assiégeante, avait été dévolu au colonel Jose Joaquim da Silva Lima. La vigueur de ses opérations convainquit bientôt les assiégés qu'ils ne pourraient plus résister long-temps à la puissance brésilienne. Vers la fin de juin, un conseil de guerre s'étant assemblé dans la ville, les principaux officiers de l'armée et de la flotte portugaises décidèrent d'abandonner Bahia, d'embarquer la garnison sur la flotte, et d'échapper par une sortie furtive à la flotte brésilienne commandée par lord Cochrane. En conséquence, les dispositions d'évacuation se firent à la hâte; l'or et l'argent des églises furent enlevés, ainsi que les caisses publiques. En un mot, Bahia fut dévastée. Les troupes ayant été embarquées, l'escadre se disposait à mettre à la voile dans la nuit du 2 juillet, avec tous les autres vaisseaux qui se trouvaient dans le port et qui étaient encombrés de troupes et de passagers; ces derniers, craignant les insultes des Brésiliens, comptaient se rendre en différens ports d'Europe et d'Amérique espagnole; mais la barre de Bahia était bloquée par l'escadre de Rio-Janeiro, forte de seize voiles. Lord Cochrane, qui la commandait, avait hissé son pavillon à bord du *don Pédro*.

Le général portugais Madeira n'ayant fait aucune capitulation avec les Brésiliens, ni conclu aucune convention avec lord Cochrane, il semblait difficile qu'il pût mettre à la voile et passer à la vue de l'amiral brésilien sans être poursuivi. Madeira se mit à bord du vaisseau de ligne *le Don Joan VI*, avec tout ce qui avait été pillé aux habitans de Bahia. La flotte fugitive était de quatre-vingts voiles, dont vingt vaisseaux de guerre. Le 2 juillet elle leva l'ancre, et, profitant d'un vent favorable et de l'extrême ouverture de la rade, elle évita de tomber dans la flotte brésilienne. Mais à peine lord Cochrane eut-il connaissance de la fuite de l'armement portugais, qu'il se mit à sa poursuite, joignit l'arrière-garde entre Bahia et Pernambuco, et parvint à capturer plusieurs bâtimens qui faisaient partie du convoi.

Lord Cochrane poursuivit la flotte pendant trois jours.

La plus grande confusion avait régné à Bahia

pendant l'évacuation de la ville, où il n'y avait plus aucun gouvernement ni civil, ni militaire. Mais cette crise même mit fin aux longues souffrances de cette malheureuse ville, en ramenant, dans ses murs, la tranquillité qui en avait été si long-temps bannie.

L'entrée de l'armée brésilienne fut précédée de deux proclamations rassurantes, émanées du commandant en chef, le général Silva da Lima, et adressées aux habitans et aux soldats de l'armée pacificatrice. Cette armée occupa Bahia dans la journée même du 2 juillet. Ce fut un véritable triomphe. L'hilarité des habitans ne fut pas un instant troublée ; aucun excès ne fut commis, aucun acte de vengeance ne fut exercé contre les natifs du Portugal. Toutes ces circonstances rehaussèrent la solennité d'une journée si vivement désirée.

Le gouvernement impérial s'établit dans la ville; il fut composé d'hommes respectables par leurs lumières et par leur attachement à la personne de l'empereur; la plupart étaient en outre de riches propriétaires.

L'élection des députés de Bahia à l'assemblée législative du Brésil, tomba aussi sur des personnes notables du pays.

Ainsi Bahia, la seconde capitale du Brésil, n'en était plus séparée; elle reconnaissait les lois de l'empire; ainsi tout le Brésil, grâce à Don Pedro, pour former une unité compacte, n'attendait plus que la soumission de Para. Si depuis 14 ans le Brésil était séparé de la monarchie portugaise par son administration; si depuis 14 ans la monarchie était démembrée, la dynastie ne l'était pas.

Victime de son activité infatigable, don Pedro, qui était toujours à cheval, fit une chute le 30 juin, et s'enfonça quelques côtes; il resta même plusieurs jours dans un état de grande faiblesse qui donna des inquiétudes aux bons citoyens, et qui servit de prétexte aux perturbateurs pour jeter l'alarme et agiter les esprits.

On craignit un moment que le parti de l'opposition ne prît le dessus, quoiqu'il n'y eût aucun doute que le royalisme et le bon sens ne triomphassent en définitive. L'accident arrivé à l'empereur parut être une occasion favorable; on lui adressa des lettres menaçantes ainsi qu'au premier ministre, auquel on osa dire que s'il ne donnait pas sa démission, sa vie et même celle de l'empereur ne seraient pas en sûreté. On se flattait que le jeune prince céderait à ces menaces et qu'on le forcerait à rendre la constitution du Brésil encore plus démocratique que celle des cortès de Lisbonne; il ne s'agissait de rien moins que de priver l'empereur du *veto*, prérogative royale sans laquelle il n'y a pas de monarchie.

La convalescence de l'empereur ayant fait heureusement de grands progrès, il fut bientôt en état de prendre des mesures pour déjouer les projets des factieux.

Depuis la déclaration de l'indépendance du Brésil, la question de savoir si le pouvoir exécutif aurait ou n'aurait pas un *veto* absolu dans la promulgation des lois, était discutée dans toutes les feuilles périodiques, et les sentimens étaient partagés à ce sujet. Dans l'assemblée, le parti démocratique s'étant renforcé, on proposa un projet de loi, d'après lequel les décrets de l'assemblée *actuelle* seraient exécutés par le pouvoir exécutif, quand même l'empereur y refuserait sa sanction. La discussion définitive de ce projet eut lieu le 29 juillet, et la majorité l'adopta. Mais l'empereur déclara que, nonobstant cette décision, il ne sanctionnerait ni n'exécuterait que les actes qui obtiendraient son approbation expresse. D'un autre côté, l'assemblée paraissait résolue à franchir les bornes en préparant plusieurs décrets qui seraient présentés à la signature de l'empereur. S'il persistait dans sa déclaration, il était à craindre que les conséquences n'en fussent très graves.

Mais tout faisait espérer que l'empereur aurait assez de caractère pour résister aux empiétemens des démagogues de Rio-Janeiro. Il donnait particulièrement ses soins et son attention aux militaires et à l'armée, comptant avec raison sur leur assistance. Tout annonçait qu'il ne se laisserait point arracher l'autorité, ni imposer une constitution qui livrerait le Brésil à un système de confusion et d'anarchie, et qu'il tenterait plutôt d'établir le *veto* absolu par la force militaire.

L'empereur prépara les événemens par la proclamation suivante, sous la date du 9 août.

« Brésiliens ! je vous ai souvent ouvert mon cœur et mon âme. Je désire cependant vous donner encore une preuve de ce que je pense et combien je déteste tout despotisme, tant celui d'un seul que celui de plusieurs.

» Quelques Chambres dans les provinces du Nord ont donné à leurs députés des instructions où respire un esprit démocratique. La démocratie au Brésil ! dans ce grand et vaste empire, elle serait une absurdité ; et il n'est pas moins absurde de leur part de vouloir donner des lois à ceux qui doivent les faire, en leur annonçant la perte de pouvoirs qu'ils n'ont pas donnés et qu'ils n'ont pas le pouvoir de donner.

» Dans la ville de Porto-Alegro, les troupes, le peuple, la junte du gouvernement, les autorités civiles et ecclésiastiques, se sont rendus coupables d'un attentat, qu'ils ont ensuite confirmé ou plutôt aggravé par un serment.

» Les troupes, qui ne devraient obéir qu'au monarque, délibèrent entr'elles ; des autorités incompétentes définissent un article constitutionnel, ce qui n'appartient qu'à l'assemblée générale et constituante ; je veux dire le *veto* suspensif ou absolu. Ce sont là des absurdités scandaleuses et des crimes qui mériteraient les châtimens les plus sévères s'ils n'étaient commis par l'ignorance ou à la suite d'indignes insinuations.

» Ne croyez donc ni à ceux qui flattent le peuple, ni à ceux qui flattent le monarque. Ils n'ont tous que leur intérêt pour mobile, et sous le masque, soit du libéralisme, soit du *servilisme*, ils ne veulent qu'élever leur fortune sur les ruines de leur pays. Les temps où nous vivons en sont pleins des plus tristes exemples! Que les événemens des pays étrangers vous servent de leçon.

» Brésiliens, fiez-vous à votre empereur et perpétuel défenseur; il ne désire pas un pouvoir qui ne lui appartient pas; mais il ne laissera jamais usurper celui auquel il a des droits et qui lui est indispensable pour assurer votre bonheur. Attendons la constitution de l'empire et espérons qu'elle sera digne de nous. Puisse l'Arbitre suprême de l'univers nous accorder l'union et la tranquillité, la force et la persévérance, et le grand ouvrage de notre liberté et de notre indépendance s'accomplira. »

Cet état de choses faisait présager une crise prochaine. L'opposition dans l'assemblée s'obstinait à vouloir réduire l'autorité impériale à n'être qu'une vaine représentation, ce qui infailliblement eût fait triompher le parti républicain. Mais les royalistes étaient en majorité dans l'empire, et l'empereur avait pour lui l'armée, la flotte, les soldats de marine, ou plutôt l'immense majorité des Brésiliens.

D'ailleurs le Brésil avait pour combattre les révolutionnaires, de très bons élémens sociaux. On a vu que dans l'origine ce pays a été divisé en capitaineries, qui furent concédées à des seigneurs portugais, et qu'un grand nombre de nobles y passèrent successivement, emportant avec eux leurs principes, leurs mœurs et leurs habitudes. Ces nouveaux colons ayant d'ailleurs été gouvernés par les lois portugaises, on ne doit pas s'étonner que les idées de hiérarchie, de noblesse et de royauté, qui existaient en Portugal, aient pu se transplanter au Brésil; elles s'y sont même accrues par l'établissement de l'esclavage qui a été inhérent aux possessions territoriales du Nouveau-Monde. Et l'on peut dire que le Brésil étant ainsi devenu un composé de seigneurs et d'esclaves, il n'y a pas, à proprement parler, des tiers-états où la démocratie trouve à s'abriter; d'un autre côté, nulle part l'esclavage n'a été plus adouci, et la condition des esclaves plus supportable qu'au Brésil. Or, le Brésilien ne saurait être qu'aristocrate. L'argument qui repose sur la différence de la couleur de la peau, est là sans force; car les lois portugaises, très sages dans ces dispositions, mettent le colonel blanc au niveau du colonel noir ou mulâtre. L'autel voit le prêtre blanc et le prêtre nègre desservir le même Dieu; le baron et l'artisan voient de même cette confraternité de couleur, ainsi la haine et l'envie ne sauraient les armer l'un contre l'autre.

Ces effets admirables de la sociabilité chrétienne sont dus à ce roi célèbre que le Camoëns appelait maître des autres rois, *et qui sut apprendre aux Rois le métier de Roi.*

Ainsi les mœurs comme les habitudes rendaient, pour ainsi dire, les républiques impraticables au Brésil. Les institutions anglaises mêmes n'avaient pu y prendre racine. Les Hollandais en furent chassés, et l'on vit alors, ce qui est très remarquable, les couleurs se réunir dans un sentiment commun de royauté contre le système démocratique.

Henri Dias était nègre, Camarön était olivâtre, Vieira était blanc, et ce sont les trois héros qui, dans le dix-septième siècle, sauvèrent le Brésil du joug républicain.

A St.-Paul, Bueno ne voulut pas être le chef d'une république. Quand on le lui proposa il rendit son épée, et dit : « C'est Jean IV qui nous gou-» verne. »

A Minas, le système républicain n'a pas pu tenir. A Bahia, c'est encore un nègre qui a dénoncé une conspiration ourdie pour changer la forme du gouvernement.

A Pernambuco enfin, la république est tombée d'elle-même, à l'aspect de deux cents soldats venus de Bahia.

On voit ici combien l'essai d'une république est

contraire à l'opinion dominante au Brésil. Toutefois il ne faut pas se le dissimuler, les idées républicaines sont contagieuses. L'exemple est un ressort si puissant, et le Brésil n'en a pas manqué, ni en Europe, ni en Amérique. D'ailleurs les révolutionnaires ont constamment travaillé le pays, essayant de toutes les lois, employant tous les moyens pour le bouleverser.

Le mois de novembre vit le triomphe de l'autorité impériale. Le ministère avait été changé. La police et l'armée étaient dans les mains de l'empereur. Quelques membres turbulens de l'assemblée ayant porté diverses accusations contre le nouveau ministère, une vive discussion s'engagea, et la fermentation alla toujours croissant. Le public se partagea en deux partis; mais la majorité resta dévouée à l'empereur. La séance du 11 novembre fut encore plus tumultueuse. L'empereur, pour donner aux débats de l'assemblée encore plus de liberté, fit retirer les troupes de la ville. L'assemblée, livrée à elle-même, fut dévorée par l'anarchie. Ce fut alors que l'autorité tutélaire sauva l'empire. Quatre cents hommes de cavalerie et d'infanterie, avec quatre pièces d'artillerie, entourèrent l'assemblée, en déclarant qu'elle était dissoute par ordre de l'empereur. Six ou huit députés furent arrêtés.

Le triomphe des royalistes fut assuré par la dissolution de cette assemblée factieuse. Don Pedro parcourut la ville à cheval au milieu des acclamations générales; toutes les maisons furent illuminées, et le plus grand ordre ne cessa de régner un seul instant. L'empereur rendit deux décrets, et fit une proclamation, dans laquelle il s'engageait à donner une constitution telle qu'il en avait fait la promesse, c'est-à-dire digne de lui et du peuple brésilien.

Ainsi, le fondateur de l'empire venait d'arracher le pouvoir aux agitateurs, pour le conserver dans les mains de la légitimité, avec le noble et grand dessein d'empêcher la dissolution de cet empire nouveau, et d'en perpétuer l'unité.

Cet acte de vigueur fut apprécié dans toute l'Europe monarchique. La *Gazette de Lisbonne* même en parla officiellement de la manière suivante : « Le » fils de notre auguste monarque vient de faire » un pacte qui renverse l'orgueil de la faction dé- » magogique dans l'assemblée du Brésil, en même » temps qu'il donne à l'Europe de justes espéran- » ces en montrant son profond discernement, et la » sagesse avec laquelle il veut tenir les rênes du » gouvernement qui lui est confié. »

L'opposition était vaincue au Brésil. D'un autre côté, les villes de Para et de St.-Louis de Maranham s'étaient rendues à l'escadre brésilienne sous les ordres de lord Cochrane, et le gouvernement impérial venait d'y être établi. Arrivé à Maranham le 27 août, à bord du vaisseau de ligne brésilien *le Don Pedro Premier*, lord Cochrane s'était emparé de la place le jour suivant, et avait arboré le drapeau brésilien sur les forts. La conduite de ce lord, et les éminens services qu'il venait de rendre au gouvernement du Brésil, lui valurent, de la part de l'empereur, le titre de marquis de Maranham.

Cependant l'empereur avait promis la convocation prochaine d'une assemblée générale législative, mais non constituante, comme la précédente. Il avait promis, en outre, de donner une constitution basée sur les principes de la plus grande liberté possible sous une monarchie. Cette double promesse fut bientôt accomplie. Une nouvelle assemblée fut convoquée, par décret du 17 novembre.

Le projet de constitution, formé d'abord par une commission spéciale, reçut l'approbation de l'empereur, et fut répandu dans tout le Brésil avec profusion. Il y obtint un assentiment général. En voici les dispositions principales :

Art. 1er. L'empire du Brésil est une association politique de tous les citoyens brésiliens. Ils forment une nation libre et indépendante, qui n'admet aucune alliance qui puisse s'opposer à son indépendance.

3. Son gouvernement est monarchique, constitutionnel et représentatif.

4. La dynastie régnante est celle du senhor don Pedro, l'empereur existant, et le défenseur perpétuel du Brésil.

5. La religion catholique, apostolique et romaine continuera d'être la religion de l'empire. Toutes les

autres religions seront permises avec leur culte particulier, sans aucune forme extérieure.

8. L'exercice des droits politiques est suspendu, 1°. par une incapacité physique ou morale; 2°. par une dégradation judiciaire.

10. Les pouvoirs politiques reconnus par la constitution sont de quatre espèces: le pouvoir législatif, le pouvoir modéré, le pouvoir exécutif et le pouvoir judiciaire.

12. Tous les pouvoirs de l'empire du Brésil proviennent de la nation.

13. Le pouvoir législatif est délégué à l'assemblée générale, avec la sanction de l'empereur.

14. Cette assemblée générale est composée de deux chambres; la chambre des députés et la chambre des sénateurs, ou le sénat.

15. L'assemblée générale reçoit le serment de l'empereur, du prince impérial ou de la régence; elle choisit le régent ou la régence, et pose les limites de son autorité; elle reconnaît le prince impérial comme successeur de la couronne. Dans la première assemblée qui suit la naissance du prince, elle nomme un tuteur à l'empereur en minorité, dans le cas où son père ne lui en aurait pas nommé un par testament; elle choisit une nouvelle dynastie, si la dynastie régnante vient à s'éteindre; elle fait les lois, interprète celles qui ont été faites, et en suspend l'exécution, s'il y a lieu; elle fixe annuelle-

ment les impôts, les rapports du gouvernement, les forces de terre et de mer, etc., etc.

18. L'ouverture de chaque session est fixée au 3 mai de chaque année.

35. La chambre des députés est élective et temporaire.

38. La chambre des députés a l'initiative : 1o. pour les impôts ; 2o. pour le recrutement, et 3o. pour le choix d'une dynastie, dans le cas d'extinction de la famille régnante.

40. Le sénat est composé de membres inamovibles, et il doit être organisé dans une élection provinciale.

47. Les princes de la famille impériale sont de droit membres du sénat ; ils peuvent y siéger à vingt-cinq ans.

48. Le sénat a le privilége exclusif : 1o. de connaître des fautes commises par la famille royale, les ministres, les conseillers d'État et les sénateurs, et les fautes des députés pendant la session législative.

51. Les sénateurs reçoivent le double du traitement des députés.

102. L'empereur est le chef du pouvoir exécutif. Ses attributions principales sont de convoquer l'assemblée générale, de nommer les évêques, les magistrats, les commandans de terre et de mer et les ambassadeurs. Il forme les alliances, déclare la

guerre et fait la paix, accorde des lettres de naturalisation, etc.

103. L'empereur, avant d'être proclamé, doit prêter entre les mains du président du sénat le serment de maintenir la religion catholique, l'intégrité et l'indivisibilité de l'empire, et d'observer la constitution et les lois de l'État, etc.

117. Les descendans légitimes de l'empereur doivent succéder au trône dans l'ordre de primogéniture et de représentation.

119. Aucun étranger ne peut succéder à la couronne impériale du Brésil.

121. L'empereur est mineur jusqu'à dix-huit ans.

133. Les ministres sont responsables, 1°. pour trahison; 2°. pour corruption et extorsion; 3°. pour abus de pouvoirs; 4°. pour forfaiture dans l'observation de la loi, pour les actes contraires à la liberté, à la sécurité ou à la propriété des citoyens.

Ce projet n'était pas destiné à être soumis à la discussion des députés du Brésil; car ce n'était point une constitution imposée, mais une sorte de Charte accordée par l'empereur aux Brésiliens. L'empereur, voulant toujours aller d'accord avec son peuple, des registres furent ouverts dans la capitale et dans les provinces pour recevoir les votes *approbatifs* ou *improbatifs* des citoyens. Les habitans de Rio-Janeiro ayant voté en faveur de la constitution à une immense majorité, le sénat municipal, accompagné de presque toute la population, se rendit au palais de l'empereur le 9 janvier 1824 (jour choisi comme le second anniversaire de l'érection du Brésil en empire). Là, le sénat municipal et le peuple supplièrent don Pedro de proclamer, sans plus de délai, le projet de constitution, *loi fondamentale et définitive de l'empire.* Le sénat représenta que tous les citoyens de la province de Rio-Janeiro avaient déjà juré d'y être fidèles. Un député de la province de Rio-Grande, du sud, exprima les mêmes sentimens au nom des citoyens de sa province.

Dans sa réponse, l'empereur déclara qu'il jurerait lui-même d'observer le pacte social; mais qu'il voulait attendre, pour le faire promulguer, que les autres provinces eussent aussi fait connaître leur sentiment.

On procéda partout à la nomination des députés de la nouvelle assemblée, dont les premiers travaux devaient avoir pour objet la confection des lois nécessaires à l'exécution de la constitution, dans ses parties les plus essentielles à l'organisation de l'empire.

Le 25 mars (1824), les suffrages de la grande majorité des provinces ayant été recueillis, l'empereur, à la face de son peuple, prêta serment le premier à la constitution qu'il venait de lui octroyer, et il mit de suite en activité ce nouveau pacte tutélaire de la monarchie, qui garantit aux Brésiliens la conservation de leur religion, de leurs lois, de leurs propriétés et de leur indépendance.

Cette cérémonie a été grande et majestueuse, et l'enthousiasme public s'y est manifesté au plus haut degré.

Doit-on s'étonner qu'après tant d'agitation et de troubles, quelques dissidences, quelques oppositions éphémères retardent ou contrarient encore l'harmonie générale qui doit régner bientôt dans ce vaste empire?

Mais ces dissidences se renferment dans la seule enceinte de Pernambuco, car les troubles de Maranham sont maintenant appaisés. Il est faux que tous les Portugais en aient été expulsés généralement, comme l'ont prétendu divers journalistes. L'autorité publique est intervenue, et voici ce qui a été décidé : tous les Portugais mariés et établis ont été autorisés à rester, de même que tous ceux qui, étant célibataires, ont présenté des cautions; on n'a expulsé, en général, que les vagabonds qui n'offraient aucune garantie et que repoussent tous les gouvernemens organisés sur les bases de la paix sociale.

Quant à Pernambuco, les troubles se réduisent à l'opposition d'une poignée de perturbateurs renfermés au Récif, et qui tiennent encore la ville en suspens. Mais Pernambuco a demandé des secours à l'empereur don Pedro, et lord Cochrane a été chargé de réduire les opposans, comme, dans l'avant-dernière campagne, il a réduit ceux de Maranham et de Para. Le 20 avril lord Cochrane a commencé le blocus du Récif; nul doute que le succès ne couronne bientôt ses opérations.

CHAPITRE IV.

De la Séparation sous le rapport politique.

Le Portugal ne doit s'en prendre qu'aux erreurs de sa politique, si le Brésil s'est détaché de lui. L'habitude de l'obéissance et les liens du sang avaient conservé l'union entre les deux pays pendant trois siècles. Les signes de mécontentement qui parfois s'étaient manifestés, n'avaient jamais porté le Portugal à traiter plus favorablement le Brésil, dans ses propres intérêts. Il aurait fallu que les Brésiliens eussent été frappés d'une cécité éternelle pour ne pas voir ce qui se passait chez eux et autour d'eux. Comment n'auraient-ils pas vu, par exemple, que l'or et les diamans de leurs mines, que le produit de leur agriculture étaient transformés en aqueducs à Lisbonne, en palais à Ajuda et à Mafra, tandis que, dans aucune ville du Brésil, on n'élevait ni fontaines ni monumens, on n'ouvrait ni canaux ni routes? Comment n'auraient-ils pas été frappés de l'idée que, même pour apprendre l'art de guérir, il fallait aller s'instruire à Coïmbre.

La cour, il est vrai, depuis douze ans, était au Brésil; mais y avait-on jamais vu un Brésilien ministre d'État, ou ministre dans une cour étrangère, même simple chargé d'affaires ?

Le Brésil, malgré la résidence de la cour, n'était qu'un royaume colonial ; et la cour, voulant régner d'après les anciennes maximes, conservait les provinces dans leur séparation, dans leur isolement les unes des autres, pour éluder l'unité.

Ce royaume, dans le Nouveau-Monde, était gouverné par les mêmes lois qui le régissaient quand il n'était qu'une colonie du Portugal.

Les Brésiliens ont tout enduré ; ils ne se sont agités que lorsque les cris de réforme, partis du Portugal, sont venus se faire entendre au Brésil par l'organe des Portugais eux-mêmes ; ce sont des Portugais qui ont opéré les premiers changemens dans le gouvernement et dans les provinces ; ce sont eux encore qui ont composé les premières juntes ; si l'on voyait, par hasard, un Brésilien dans leur rang, c'était un affidé.

Le roi abandonne le Brésil que l'union maintient ; et, pour prix de tant de loyauté, des bataillons de Portugais traitent le Brésil comme un pays conquis. Pour souffrir de pareils traitemens, il faudrait que les Brésiliens ne fussent qu'une horde de vils esclaves.

Quelle représaille a donc exercée le Brésil ? Il s'est efforcé d'éviter l'abîme ; il s'est groupé autour de l'ange tutélaire héritier de cette famille chérie de Bragance, et il a déclaré au monde qu'il était indépendant, ce qu'avaient déjà déclaré le siècle, la richesse de son sol, la douceur de son climat. Si quelques fractions des peuples du Brésil ont donné des signes d'animosité et de haine contre les Portugais, une plus grande partie des habitans s'en est abstenue ou a éprouvé des sentimens contraires.

Et vous, Brésiliennes, femmes fortes et sensibles, vous vous êtes surtout montrées généreuses dans cette crise sociale, en adressant à votre jeune empereur une requête pour faire cesser toute division intestine, et pour que le lieu de la naissance n'établît aucune différence entre les divers habitans de l'empire! Par-là, vous nous avez prouvé que le sexe dont vous faites partie, est tout aussi aimable dans le Nouveau-Monde que dans l'ancien hémisphère, avec la différence, toute à votre avantage, que vos vertus et vos attachemens y sont plus solides et plus énergiques, ce qui tient à la différence de l'âge des sociétés dans les deux Mondes.

Et comment se conduisit l'empereur au moment même où le bruit de l'approche d'une nouvelle expédition contre le Brésil se répandit dans son empire? L'empereur nomma des commissaires chargés d'aplanir les différends qui divisaient la famille régnante; ils étaient chargés aussi en même temps de ne traiter que sur les bases de l'indépendance et de la séparation. Déjà l'un était en Europe, et l'autre en route pour y venir, quand un bâtiment de guerre qui transportait en France des Brésiliens, fut poussé à Vigo par la tempête. Là, il est traité aussitôt en ennemi soit par l'Espagne, soit par le Portugal; une frégate part de Lisbonne pour venir s'en emparer.

La France conservant la plus sage neutralité, et ne s'immisçant point dans la querelle entre le père et le fils, n'établit aucune différence entre les bâtimens portugais et les navires brésiliens. Cela même devient un sujet de plainte de la part du gouvernement portugais.

On annonce que le Brésil veut contracter un emprunt; aussitôt le gouvernement de Portugal proteste, et veut persuader au monde que l'or, les diamans, les bois de construction, c'est-à-dire que les produits du Brésil n'appartiennent pas au Brésil, mais bien à une terre qui en est à deux mille lieues.

Soyons justes avant tout; convenons que la partie sage de la nation portugaise qui entend ses intérêts et qui apprécie ses forces à leur juste valeur, est persuadée que la lutte est inégale; qu'à la fin elle produirait la ruine totale du Portugal; que c'est, en quelque sorte, une lutte entre un vieillard et un homme jeune et vigoureux; que le vieillard peut mourir de ses blessures, tandis que l'homme jeune et fort a pardevers lui tous les moyens de guérison. Ce parti sage, dans la nation, reconnaît également que le Portugal peut tirer de l'indépendance du Brésil le bénéfice d'un commerce avantageux. Mais la partie ignorante du peuple, et surtout la classe commerçante, se refuse à reconnaître la justesse de ces réflexions et la force de ces vérités pratiques; c'est cette même partie de la nation pour laquelle l'histoire de son temps est muette ; elle ne veut pas voir que ce sont les négocians de Cadix qui ont séparé pour toujours l'Amérique espagnole de la mère-patrie.

On a imputé à l'empereur don Pedro d'avoir fait une réception peu amicale aux commissaires du Portugal. Mais quelle était alors la position du Brésil ? L'assemblée perturbatrice était à l'apogée de sa force. Si don Pedro eût accueilli les commissaires, il eût donné contre lui des armes ; en les accueillant mal, il préparait mieux le coup qu'il lui fallait frapper pour sauver le Brésil; il lui importait d'abord de prouver qu'il n'avait aucune relation avec le Portugal.

Mais, dit-on, il ne s'agissait plus des cortès, il s'agissait de son auguste père!

Le Brésil ne songeait plus aux cortès ni au roi; il songeait au Portugal; il songeait aux ravages exercés sur son territoire par les troupes portugaises, aidées par qui? (et c'est encore plus affreux), par ceux mêmes qui se changeaient en ennemis, seulement parce qu'ils étaient nés en Portugal. La ruine de Bahia suffit pour justifier les Brésiliens, qui s'écrient encore: *Timeo Danaos*.....

Le roi, nous le répétons, en jurant la constitution portugaise, avait livré le Brésil à lui-même. Il l'a fait malgré lui, sans doute; mais le peuple ne juge pas les intentions; il ne voit que les effets, et en condamne les conséquences.

Comment eût-il pu deviner que la contre-révolution s'opérerait en Portugal au mois de mai 1823?

Le Brésil a dû songer à lui. La contre-révolution est survenue quand il en était au point qu'il ne pouvait plus rétrograder. Lors même que la marche des choses humaines eût permis que quatre millions d'habitans fussent perpétuellement en état de colonisation à l'égard de trois millions d'hommes, et à deux mille lieues de distance; lors même que les lois physiques interverties eussent pu faire que la masse la plus forte fût encore attirée par la plus faible; lors même, enfin, qu'il fût possible que celui qui aurait acquis la prérogative de commander, voulût, de son propre gré, descendre à obéir: eh! bien le Brésil resterait encore dans son état d'indépendance et de séparation.

D'ailleurs, qu'ajoute le Brésil à la force militaire, financière et diplomatique du Portugal? Rien, ou presque rien.

Si l'on regarde le Brésil dans l'avenir, tel qu'il deviendra en restant indépendant, il est clair qu'il pourra un jour ajouter beaucoup à la force de la Métropole, soit comme auxiliaire, soit comme lié par un pacte quelconque; mais il est clair aussi qu'il ne peut arriver rapidement à ce degré de prospérité que par le maintien de son indépendance.

Ne vous opposez donc pas au développement de ce peuple ; car s'il restait stationnaire, vous ne pourriez rien en attendre. Voudriez-vous entretenir au Brésil vos bataillons et une nombreuse troupe d'officiers ? Mais c'est une première cause de l'affaiblissement de votre gouvernement, sous le rapport militaire.

Songez que le Brésil est aujourd'hui limitrophe de quatre ou cinq gouvernemens indépendans, qui peuvent lui chercher à tout moment des sujets de guerre, et l'attaquer, soit pour des règlemens de frontières, soit pour tout autre motif. Sera-ce à Lisbonne qu'il ira chercher ses élémens de défense ? Laissez donc le Brésil veiller par lui-même à sa sûreté et à ses alliances. Songez qu'il peut être attaqué et pris au dépourvu par les troupes des États voisins, sans avoir le temps de recevoir des secours du Portugal ; car vous ne supposez pas que le Portugal puisse entretenir constamment un corps d'observation à deux mille lieues de ses foyers.

Tant que le Brésil n'a eu pour pays limitrophes que des colonies, certes il a pu sans danger rester colonie lui-même ; mais il est voisin aujourd'hui d'États émancipés ; il faut pour sa sûreté, et pour celle du Portugal, qu'il reste indépendant.

Nous établirons sans peine, dans le chapitre qui va suivre, que sous le point de vue de la richesse générale de l'État, la séparation du Brésil est plus avantageuse que nuisible au Portugal. Sous le rapport du revenu public, le résultat est à-peu-près indifférent. La plus grande partie des revenus du Brésil étant consommés dans le pays même pour les dépenses de l'administration, le peu de produit net qui entrait dans le trésor royal était absorbé, et bien au-delà, par les dépenses inutiles que cette possession lointaine occasionnait.

Tous ces établissemens d'outre-mer sont onéreux au trésor des métropoles; il n'y a plus de doute à cet égard, et pourtant on les conserve à cause de la marine et d'un faux air de puissance. On entretient une marine très dispendieuse à cause des colonies, et cependant, comparativement aux autres puissances, l'Espagne et le Portugal qui possédaient les colonies les plus étendues, les plus florissantes, étaient les plus faibles en marine.

Ceci s'explique par l'énorme inconvénient des distances, inconvénient qui rend aujourd'hui les séparations irrévocables. Croyez-vous, par exemple, que les frégates des États-Unis protégeraient librement l'immense navigation de leurs citoyens, si elles étaient sans cesse obligées de veiller sur quelques parties isolées de la terre à deux ou trois mille lieues de leur pays?

Les Anglais font exception, mais aussi ont-ils des points d'appui dans tous les coins du globe, et des arsenaux pour un empire nautique universel.

Reste à examiner l'importance diplomatique ou l'influence que donne la possession du Brésil au Portugal, dans ses relations avec les autres nations de l'Europe. Mais puisque ce ne sont point les nations qui se réunissent en congrès, ni qui s'envoyent des ambassadeurs, il ne s'agit ici que de l'importance que donnerait, non pas au Portugal, mais à la personne de son roi, la possession du Brésil. Sous ce point de vue, les chefs de la maison de Bragance alliés, n'auraient-ils pas collectivement plus d'influence dans les négociations européennes et sur les affaires générales de l'univers, que le roi du royaume-uni du Portugal, du Brésil et des Algarves, mais uni seulement d'une manière fictive? point de doute à cet égard. L'unité matérielle étant désormais impossible, c'est à d'autres moyens qu'il faut avoir recours; le lustre n'en sera que plus grand pour la légitimité.

Ainsi, tout est avantage pour le Portugal, dans le maintien et la reconnaissance de l'empire du Brésil.

Fils aîné de la maison de Bragance, et appelé lui-même à en devenir chef à son tour, don Pedro peut seul cimenter les liens de l'amitié entre les deux nations; nul doute que la fraternité des deux gouvernemens n'encourageât les relations commerciales que l'identité de langage, les liaisons de parenté contribuent si fort à entretenir.

Depuis le rétablissement de l'autorité royale dans Lisbonne, il est évident que le fils aîné du roi devient un personnage plus important que sous la constitution des cortès. Il serait aujourd'hui le premier sujet du monarque; il n'était pas même le premier citoyen de la monarchie; son droit héréditaire, un insolent décret des cortès ne peut plus l'anéantir; la légitimité du sang est là, qui a repris ses droits et toute sa force.

Don Pedro est aujourd'hui en possession d'une souveraineté d'origine portugaise; l'en dépouiller serait dépouiller la maison de Bragance elle-même; il faut donc le reconnaître allié ou le déclarer rebelle....... il n'y a point d'autre alternative.

CHAPITRE V.

Utilité de l'Indépendance du Brésil pour le Portugal.

Il est un fait incontestable : l'Espagne et le Portugal déchurent d'une manière sensible par le seul effet de l'exploitation exclusive des trésors de l'Amérique. Ce fait se trouve lié à un autre tout aussi remarquable ; c'est qu'au moment même où les deux monarchies de la Péninsule déclinaient par suite de cette grande erreur qui ne leur présentait d'autres élémens de richesses que dans le monopole de l'or, de l'argent, et des marchandises, leurs colonies d'Amérique à qui cet or était enlevé, devenaient plus florissantes. Elles ont même fini par se garder elles-mêmes, tandis que les deux monarchies-mères ouvertes aux invasions marquaient ainsi l'époque de leur dépérissement et de leur puissance. C'est aujourd'hui une maxime vulgaire, que l'or n'est pas la vraie richesse des nations.

Quant au monopole, le Portugal avait l'insigne tyrannie, et par conséquent l'insigne maladresse de vouloir approvisionner d'habits, de chapeaux, d'huile, de vins, une population trans-atlantique égale à la sienne. Or, il suffisait que l'augmentation de la population et de la consommation du Portugal américain, eût lieu dans une proportion plus forte que celle de l'accumulation des capitaux dans la métropole, pour que l'industrie agricole et manufacturière de celle-ci déchût de jour en jour et se ruinât d'année en année.

Que le Brésil reste indépendant, et on verra le Portugal même y gagner; il fera d'abord moins de bénéfices pécuniaires, mais il en sera dédommagé au-delà par plus d'industrie et d'activité dont l'impérieuse nécessité lui fera une loi de tous les jours.

Ce ne sera plus à frêter des navires anglais; ce ne sera plus à faire l'emplette de toiles d'Irlande et de bijouterie de France que seront employés les capitaux du Portugal; car le Français et l'Anglais porteront eux-mêmes leurs marchandises à Rio-Janeiro. Il faudra donc que le Portugais applique ses fonds à quelque industrie nationale; qu'il augmente la quantité de ses oliviers, qu'il perfectionne la qualité de ses vins, et enfin qu'il fasse travailler et vivre ses compatriotes. Le champ de ses spéculations sera moins vaste, il est vrai, mais il courra moins de chances et il trouvera dans d'autres réservoirs que ceux du monopole, la source de la vraie richesse.

L'Angleterre, à qui son système de finances a créé des capitaux à-peu-près illimités, ne s'est-elle pas bien trouvée de l'émancipation des États-Unis? Ces divorces sont toujours à l'avantage des unions mal assorties par l'âge et les époques, lorsqu'il y a incompatibilité de régime et de position entre deux peuples trop éloignés l'un de l'autre.

Comment n'est-on pas frappé de cette vérité, que la tyrannie d'un peuple envers un autre, est punie par les suites mêmes qui en dérivent ; que les exécutions ruinent les monopoleurs eux-mêmes, car le monopole est une duperie aussi bien qu'une vexation?

Jusqu'à présent on a cru que les Portugais, sans le commerce exclusif du Brésil, seraient ruinés sans ressource. Ils le croyent eux-mêmes encore. Eh bien! consultons les tableaux d'importations et d'exportations; nous y verrons que les produits de l'agriculture exportés du Portugal au Brésil, ont été de 5 millions de cruzades, et au-dela en 1816, et qu'en 1817 ils se sont élevés à plus de 7 millions. Cette augmentation de plus de cinquante pour cent sur les produits du sol, depuis l'émancipation du Brésil, qui est un fait, sur des produits qu'aucune concurrence ne peut enlever au Portugal, prouve l'effet qu'a déjà eu, sur son industrie agricole, la réaction de l'indépendance brésilienne. Elle prouve en outre, que si la liberté du commerce a produit quelques fâcheux effets, ce n'a été qu'un mal temporaire pour le Portugal, et que la prospérité du Brésil élève la sienne en proportion.

Quant à la diminution des exportations du Brésil, sans doute elle est nuisible aux intérêts du Portugal; il les a vues diminuer, tout en soutenant ses importations. Sans doute le Portugal importe du Brésil moins de sucre et de café, mais les pertes sur cette branche de commerce sont bien moins considérables qu'elles ne le paraissent au premier coup-d'œil. Les marchandises coloniales étaient destinées dans les marchés du Portugal, à solder les produits de l'industrie étrangère. Les Portugais n'y gagnaient que le fret et la commission, grevés de frais de navigation, d'assurances, et en outre des avances qu'ils étaient obligés de faire de leurs propres capitaux. D'ailleurs le grand commerce du Portugal avec le Brésil étant fondé sur le transport des marchandises d'encombrement, telles que vins et huiles, nécessitera toujours un tonnage considérable : or, tant qu'il lui conviendra d'approvisionner le Brésil de marchandises étrangères, il aura toujours l'avantage sur les autres nations, soit à cause des fréquentes occasions de transport, soit par suite de la facilité que lui donnent ses anciennes relations avec le Brésil. Enfin si, comme il est probable, la population du Brésil double quatre ou cinq fois par siècle, comme celle des États-Unis, et peut-être même d'avantage dans un pays encore plus créateur et que régissent des lois sages, il ne faudra pas très long-temps pour que le Portugal soit indemnisé en consommation provenant de son sol, de ce qu'il pourra perdre en consommation étrangère.

CHAPITRE VI.

Rapports du Brésil avec l'Europe.

On a vu que les puissances réunies en congrès à Vienne pour la réorganisation de l'Europe, après la chute de Napoléon, furent prévenues officiellement par le roi Jean VI de l'érection du Brésil en royaume; qu'elles en approuvèrent les motifs, et qu'avant même la séparation du congrès, le Brésil avait son organisation monarchique, ses tribunaux suprêmes, sa capitale.

Les puissances avaient donc reconnu l'identité parfaite entre les droits de ce nouveau royaume et les droits du Portugal; elles regardaient donc comme coexistans et légitimes les changemens opérés dans l'administration du Brésil, depuis 1808; la création de ses divers tribunaux suprêmes, l'ouverture de son commerce, est enfin tout ce qui constitue l'affranchissement et l'indépendance d'une monarchie.

Or, sous le rapport diplomatique, la question se trouvait déjà décidée en 1815. Le Brésil avait pris rang parmi les puissances, et ce rang lui avait été donné par le souverain légitime, alors la seule autorité compétente.

Quant au nom du nouveau souverain, peut-il donner lieu à aucune objection sérieuse? Les droits de don Pedro ne reposent-ils pas également sur la légitimité et sur le principe de l'hérédité? Si l'on considère son avènement plus ou moins précoce, on verra qu'il n'est point du ressort de la diplomatie collective de l'Europe, et qu'il ne peut donner lieu qu'à un arrangement de famille.

Mais les puissances européennes au lieu de venir à l'aide du seul prince, d'antique race, qui régnât dans le Nouveau-Monde, ont contrecarré par une fatalité inconcevable ses travaux et contrarié sa politique. Elles ont eu l'air même de vouloir obstruer ce port ouvert à la royauté dans l'hémisphère américain. On se souvient même d'un congrès où devaient être traitées les affaires du Brésil, et où le Brésil n'était pas appelé à défendre sa propre cause.

Jusqu'ici la cour de Lisbonne et les cabinets européens se sont montrés peu disposés à reconnaître l'indépendance du Brésil, quoiqu'il fût rangé sous les lois de l'héritier de la maison de Bragance. L'ambassadeur autrichien à Lisbonne, M. de Binder, selon des versions qui n'ont pas été démenties, reçut des instructions afin d'employer son influence pour déterminer don Pedro à se rapprocher de la famille royale du Portugal, tandis que l'empereur d'Autriche, dans une lettre écrite à sa fille, la grande duchesse Léopoldine, épouse de don Pedro, lui recommandait ainsi qu'à son mari la soumission au pouvoir de son père.

Malgré les liens de parenté, les rapports diplomatiques cessèrent même entre l'Autriche et le gouvernement du Brésil; et l'envoyé de Rio-Janeiro, le major Schœffer, ne fut pas reconnu à Vienne en qualité d'agent politique.

Un agent du Portugal étant arrivé à Rio-Janeiro avec des instructions peu favorables à la reconnaissance de don Pedro, ce prince décida qu'il romprait toutes ses relations avec le roi son père s'il ne reconnaissait pas l'indépendance et le titre d'empereur du Brésil. Tout annonçait que l'empereur, fier de son nouveau titre, ne se déciderait pas facilement à descendre du trône. En effet le siége de l'empire doit nécessairement être dans le Brésil, et les intérêts des deux pays sont si opposés, que l'on ne pourrait espérer tout au plus qu'un traité de commerce favorable.

Quelques journaux d'Europe ayant annoncé que des dépêches renfermant la déclaration des hautes puissances alliées au sujet du Brésil, avaient été adressées à M. le major Schœffer à Hambourg pour les porter à Rio-Janeiro, le major déclara qu'il n'avait jamais reçu de telles dépêches, et autorisa un envoyé brésilien à relever cette insigne fausseté qui tendait à compromettre le gouvernement de son pays. « Le trône du Brésil, écrivit à cette occa- » sion l'envoyé brésilien, est fondé sur la base de

» l'indépendance absolue de cette belle contrée;
» or, de si étranges publications ne tendraient qu'à
» saper le fondement d'un si bel empire et à le re-
» plonger dans l'anarchie. Mieux informé des in-
» tentions du gouvernement brésilien, je puis dé-
» clarer que l'empereur n'est nullement disposé à
» replacer le Brésil sous la dépendance du Portugal,
» et moins encore, s'il est possible, à abdiquer sa
» couronne. Il sait mieux que personne qu'il ne
» ferait qu'abdiquer en faveur de la démocratie
» américaine, et sacrifier ses droits légitimes et
» ceux de ses descendans, sacrifice que rien au
» monde ne pourrait le porter à consommer. Il ne
» le fera pas. Qu'on lise sa proclamation adressée
» aux Brésiliens le 14 novembre dernier, et on y
» trouvera la preuve de ce que j'avance. »

Quoiqu'il n'existe aucun acte qui décèle d'une manière patente l'esprit de la diplomatie européenne à l'égard du Brésil, on croit généralement qu'elle lui est peu favorable, et que les cabinets s'imaginent qu'à la rébellion du peuple se joint au Brésil l'usurpation du prince. Rien n'était plus important que de détruire une si fausse manière de voir. Tel a été principalement l'objet de cet écrit. Comment ne pas être révolté, par exemple, des assertions injurieuses consignées dans la *Gazette de Lisbonne*, du 18 mars dernier, contre l'empereur don Pedro, fils du roi de Portugal, représenté comme un usurpateur, un parjure, un ingrat, un rebelle et même un jacobin; et cet empereur du Brésil est le même qui a fait des sorties si vigoureuses contre les cortès de Lisbonne parce qu'elles tenaient son père captif, et qui, à Rio-Janeiro, a su dompter le monstre du jacobinisme!

Toutes relations commerciales ayant été interrompues entre le Portugal et le Brésil, l'empereur don Pedro, conformément à son système politique, prohiba l'importation des produits portugais dans les bâtimens brésiliens ou étrangers. Qu'on se rappelle Madeira, ses troupes portugaises et le sac de Bahia; il fallait opposer la guerre à la guerre.

Mais cet état d'hostilité et d'irritation touche à son terme; des sentimens plus humains, plus généreux; des principes politiques plus conformes à la nécessité des temps semblent enfin prévaloir. La cour de Lisbonne va, dit-on, expédier les ordres pour démâter les vaisseaux destinés à faire partie de l'expédition projetée pour le Brésil; on en donne pour motif les négociations entamées à Londres, entre les commissaires brésiliens et portugais, afin de régler les différends qui existent entre la cour de Lisbonne et celle de Rio-Janeiro. Ces différends ne peuvent se régler que sur la base de l'indépendance politique du Brésil, et de la reconnaissance de l'empereur don Pedro. Elle est si belle la cause de la royauté, que l'empereur don Pedro n'a pas eu besoin de force étrangère pour la faire prévaloir. En donnant la charte à l'imitation de son auguste parent, il est devenu le sauveur du Brésil, comme Louis XVIII a été le sauveur de la France, comme il a sauvé l'Espagne, et comme naguère il a préservé le roi de Portugal.

Il convenait donc aux monarques, dans leur propre intérêt, de reconnaître l'empire du Brésil; c'eût été un moyen d'augmenter sa force morale quand la force matérielle lui était déniée; c'est encore le seul moyen de consolider la monarchie au Brésil, seul espoir de la royauté dans le Nouveau-Monde.

Si les monarques veulent continuer d'entendre différemment leurs propres intérêts, il suffira au Brésil qu'ils ne prennent aucune part à ses différends avec le Portugal. C'est à présent un démêlé de famille, heureux pour le Brésil, en ce qu'il rallie les Brésiliens et les met en état de présenter des forces capables de préserver leur monarchie d'Amérique.

Mais qui s'oppose encore à cette reconnaissance? La légitimité! Quoi! l'héritier de la couronne héréditaire du Brésil, n'est-ce pas l'empereur du Brésil lui-même? Où gît le nœud de la difficulté? Dans les jours que peut vivre encore son auguste père. Quoi! pour la chose qu'il vous faudra faire demain peut-être, vous vous exposeriez à tout perdre aujourd'hui?

Mais laissons là les argumens que nous croyons sans réplique. Cet empereur, qu'on hésite à reconnaître aujourd'hui, si son père venait à mourir demain, les puissances ne maintiendraient-elles pas les droits de la légitimité, même sans que don Pedro le demandât ? Et pour être conséquentes, ne maintiendraient-elles pas ses droits non-seulement sur le Brésil, mais encore sur le Portugal?

Monarques européens! dites, que doit faire don Pedro ? doit-il retourner en Portugal, et se remettre à la discrétion des conseillers de son père ? Eh! bien, alors vous aurez dix-neuf républiques, et dix-neuf Bolivar de plus dans l'autre hémisphère.

Voulez-vous soumettre le Brésil ? Mais où sont les forces nécessaires pour une pareille entreprise ? le Portugal n'en a pas même eu assez pour retenir la seule ville de Bahia sous sa dépendance; et pourtant le Portugal est, de toutes les puissances du monde, celle qui peut faire le plus d'impression sur le Brésil. L'habitude, le langage, le même sang, voilà des armes dont aucun état ne peut disposer à l'égard de cet empire.

Concluons. La reconnaissance de l'empire brésilien tient à l'intérêt des couronnes en Europe ; ceci est démontré; elle augmenterait sa force morale. Un pays si vaste, d'une population si disséminée et à une si grande distance du siége de l'ancienne métropole, ne peut être ni conquis ni conservé par des armées envoyées d'Europe.

La France est la seule puissance continentale qui paraît avoir compris la position du Brésil, en rapport avec les intérêts monarchiques ; c'est la seule aussi qui ait caressé, en quelque sorte, cet empire nouveau, donnant à ses escadres l'ordre sage de ne pas se mêler de la querelle entre le père et le fils, et seulement de défendre les intérêts de l'empire contre les atteintes de la démocratie. La France sera celle aussi des puissances continentales que le Brésil, par gratitude, placera, sans aucun doute, à la tête des nations amies et favorisées.

L'indépendance du Brésil et sa séparation du Portugal, étant un fait que les puissances de l'Europe ne peuvent méconnaître, il reste à établir que sa nouvelle position leur est plus avantageuse que nuisible.

Deux seules routes sont ouvertes au commerce de l'Europe avec les Indes-Orientales : il faut doubler le Cap-de-Bonne-Espérance ou doubler le Cap-Horn ; l'une et l'autre de ces routes conduisent les vaisseaux sur les côtes du Brésil, devenu ainsi l'échelle la plus étendue et la plus importante de la navigation du globe. C'est ce que nous allons démontrer. Le Cap appartenant aux Anglais, il dépend d'eux d'empêcher toute relâche dans ses mers. Or, le Brésil a ouvert précisément ses ports au moment même où le Cap cessant d'être à la disposition de tous les navigateurs, ceux-ci cherchaient un équivalent qui pût remplacer une échelle indispensable au commerce de l'univers. C'est ce qui rend aujourd'hui le Brésil essentiellement cosmopolite.

Sous le rapport des immenses consommations que peut faire ce vaste empire, si naturellement fertile, on voit que sa prospérité doit intéresser doublement les puissances européennes. Nous avons établi que cette prospérité tient, en grande partie, à son indépendance.

Sans aucun doute, le Portugal est l'État qui y gagnera le plus, en raison des relations d'habitude depuis si long-temps établies.

Mais c'est surtout à l'industrie française que le Brésil offre des débouchés étendus, et qui le deviendront chaque jour davantage. Les vins de France, ceux du Midi particulièrement, y seront bientôt un article fructueux d'importation, si la législation de nos douanes se montre enfin plus favorable aux intérêts du commerce.

Alors celui du Brésil avec la France prendra le plus grand accroissement; il trouvera dans nos fabriques, dans nos manufactures, dans nos ateliers de belles glaces, de l'horlogerie de salon, notre bonneterie et notre draperie fines, genre d'industrie dans lequel nous n'avons pas de rivaux.

Quant à l'Italie et à la Turquie, elles n'auront guère de relations avec le Brésil que pour leur consommation de denrées coloniales.

Relativement à l'Allemagne, le commerce pourrait être plus étendu et d'un avantage réciproque; nous y comprenons la Prusse et surtout la Suède, à qui le fer et les mâtures peuvent offrir d'excellens objets d'échange pour les denrées des tropiques, dont elle ne cessa jamais d'avoir besoin.

Il peut exister aussi une navigation active entre Rio-Janeiro et St.-Pétersbourg ; la Russie d'ailleurs peut payer les produits de la Zone-Torride avec des matières utiles au Brésil.

Depuis 1808, une seule puissance a exploité la plus grande partie du commerce brésilien : c'est l'Angleterre. Sa balance y est au niveau de celle du Portugal; elle est sextuple de celle des États-Unis. Le traité de commerce, par lequel le Brésil se trouve lié avec l'Angleterre, touche bientôt à son terme.

Ici, il nous suffira de faire remarquer que l'Angleterre ne perdra pas de vue ses intérêts, et l'on doit bien s'attendre que le Brésil ne paiera pas d'ingratitude la puissance qui concourra le plus à l'affermissement de son indépendance.

A présent que le pavillon commercial britannique a remplacé tous les autres pavillons qui, depuis les républiques d'Italie jusqu'à la république de Hollande, avaient été maîtres, pour ainsi dire, de toutes les sources du commerce, les Anglais, éclairés par l'expérience, voient sans jalousie et sans crainte le pavillon américain leur disputer la prééminence de la navigation industrielle. Est-il présumable qu'ils voyent avec peine le pavillon brésilien entrer dans la même carrière ? N'en est-il pas de la mer comme du soleil, qui existe pour tout le monde ? Les Anglais savent, ce que s'obstinent à ne pas reconnaître d'autres nations, qu'il n'y a qu'à gagner à la richesse d'autrui. Un jour viendra peut-être où la politique européenne reconnaîtra que la prospérité maritime des nations les plus industrieuses, peut assurer la prospérité de celles-mêmes qui, plus bornées dans leur étendue, leur puissance et leurs richesses, ne peuvent participer au commerce de l'univers qu'en raison de leurs moyens et de leurs forces.

CHAPITRE VII.

Des Rapports politiques du Brésil avec l'Espagne.

Le Brésil, depuis l'émancipation des colonies espagnoles de l'Amérique du Sud, n'est plus guère dans le cas de reprendre ses anciennes relations politiques avec l'Espagne, ou plutôt avec le cabinet de Madrid. Il existe pourtant, en ce moment, un germe, ou peut-être même un sujet de différend qui peut s'élever, d'un moment à l'autre, entre les deux cours de Rio-Janeiro et de Madrid, relativement à Montevideo, question qui mérite d'être éclaircie.

On accuse le gouvernement brésilien de chercher à s'attirer Montevideo (1); mais est-il rien de plus juste que chaque puissance réclame ou maintienne ses droits politiques? Montevideo appartient de droit à l'empire du Brésil. Voyons, pour le prouver, ce que l'histoire des traités nous enseigne.

Les premières îles du golfe du Mexique ayant

(1) Les troupes portugaises ont évacué Montevideo le 2 mars, et le pavillon impérial du Brésil y a été arboré aussitôt.

été découvertes par Christophe Colomb en 1492, le pape Alexandre VI publia une bulle l'année suivante pour régler le partage des conquêtes entre le Portugal et l'Espagne. Il détermina qu'à cent lieues à l'Occident des Açores, on tirerait d'un pôle à l'autre une ligne imaginaire, et que tout ce qui serait à l'Occident appartiendrait au Portugal, tandis que toute la partie des découvertes située à l'Orient reviendrait à l'Espagne. Jean II de Portugal refusa d'adhérer à la décision pontificale. Survint, en 1494, le traité de Tordesillas, où il fut stipulé que la ligne imaginaire partirait de 370 lieues à l'Occident des îles du Cap-Vert, sans toutefois désigner l'île d'où la ligne devait partir, ce qui, d'après leur position topographique, présente des différences essentielles.

Magellan, navigateur portugais, ennemi de son pays, et alors au service de l'Espagne, parvint à persuader à l'empereur Charles-Quint que la ligne devait laisser dans l'autre hémisphère 180 degrés du méridien à chaque couronne; l'itinéraire qu'il laissa dans ses papiers après sa mort, montre qu'il a fraudé à la mer du Sud, ce qui est clairement établi sur la carte de l'histoire des Indes-Occidentales par Herrera.

Cette fraude fit naître la guerre entre les deux nations. Enfin Jean III de Portugal proposa les conférences de Saragosse, où l'on devait traiter et conclure à l'amiable. Mais l'infidélité de Magellan fit encore autorité; car, à cette époque, on ne savait rien y opposer de victorieux.

On convint cependant à Saragosse, en 1529, que Jean III paierait une somme à l'empereur, et que le Portugal jouirait de sept degrés de plus que dans la démarcation supposée; en outre, que la nouvelle démarcation se terminerait aux îles des Larrons, aujourd'hui les îles Mariannes, par où devait passer la ligne imaginaire d'un pôle à l'autre, et à l'Occident de laquelle ne passeraient pas les Espagnols. Dans le cas où ils la dépasseraient par erreur ou par hasard, les terres qu'ils pourraient y découvrir appartiendraient de droit à la couronne de Portugal.

Les Espagnols enfreignirent cette convention en s'établissant, du temps de Philippe II, aux îles Philippines. La guerre allait encore éclater entre les deux nations quand Philippe II, profitant de l'extinction de la branche régnante du Portugal, s'empara de ce royaume et en fit un annexe de sa vaste monarchie.

L'affaire de la démarcation en était là, quand les Portugais, chassant les Espagnols, recouvrèrent leur indépendance. La guerre s'en suivit, et, douze ans après le traité de paix qui intervint, le gouverneur de Rio-Janeiro ayant fait établir sur la rivière de la Plata la colonie du Saint-Sacrement, selon le droit qu'il en avait, le gouverneur de Buenos-Ayres prit les armes et passa la garnison au fil de l'épée. Alors, d'habiles Espagnols négocièrent à Lisbonne, et concilièrent le différend.

Le Portugal présenta un mémoire, mal rédigé, il est vrai (1), mais qui a suffi néanmoins pour amener le traité provisionnel de 1681, dans lequel il fut stipulé que des géographes se réuniraient à Badajos, pour décider à laquelle des deux couronnes appartiendrait la colonie du Saint-Sacrement. En attendant on convint qu'on la remettrait au gouvernement du Brésil, et que les deux nations jouiraient concurremment des terres environnantes. Les géographes ne purent s'entendre; la question fut de nouveau soumise au pape, et le pape s'abstint lui-même de décider.

En 1701, Philippe V remit la colonie et son territoire à la couronne de Portugal; mais la guerre ayant éclaté en 1704, les Espagnols assiégèrent et reprirent la colonie contestée, qu'ils gardèrent jusqu'au traité d'Utrecht, époque où elle fut rétrocédée au Portugal.

L'Espagne y avait renoncé formellement, et le Portugal allait en prendre possession quand le gouverneur de Buenos-Ayres s'y opposa. Il fut soutenu par son gouvernement.

On en était là quand survint le traité des Li-

---

(1) Voy. tom. II, *Preuves de l'Histoire de la généalogie de la maison royale de Portugal.*

mites, par lequel le Portugal céda la rive septentrionale de la Plata, qui lui appartenait par le traité d'Utrecht, cession qui fut plutôt l'effet de la faiblesse que de l'absence d'un droit.

Il résulte de ce qui précède que, dès l'origine, la rive septentrionale de la Plata et la colonie du Saint-Sacrement appartenaient à la couronne de Portugal.

Supposons que le droit du Portugal ne soit point échu à l'héritier présomptif, à celui qui est assis aujourd'hui sur le trône du Brésil, la rivière de la Plata n'est-elle pas la limite naturelle de cet empire? Montevideo n'en est-il pas la clef? A coup sûr on peut accuser d'ineptie le gouvernement qui a laissé dans des mains étrangères la défense du boulevard qui fait sa sûreté. Cette considération suffirait seule pour justifier les prétentions actuelles du Brésil sur ce territoire; d'ailleurs, toute nation a le droit d'empêcher qu'il ne s'introduise dans son système politique des principes contraires à ceux sur lesquels son gouvernement est fondé.

La France vient de le reconnaître à la face de l'Europe, et c'est avec l'approbation de toutes les puissances alliées qu'elle a combattu dans l'intérieur de l'Espagne et dissipé la démocratie armée des cortès.

Le gouvernement brésilien se borne à ne pas aller au-delà de la rivière de la Plata combattre les principes de Buenos-Ayres; il prend seulement de sages précautions pour que ces principes ne s'introduisent pas sur son territoire.

D'un autre côté, Montevideo lui-même demande à faire partie intégrante de l'empire du Brésil. Nous pensons que lors même qu'il n'existerait pas d'autres motifs, on trahirait ce peuple en lui refusant la protection qu'il sollicite pour se soustraire à l'anarchie et à l'oppression.

Du reste, la question est déjà décidée par le fait, ce que nous allons rendre sensible : supposons, en effet, que le gouvernement du Brésil voulût remettre Montevideo ; mais à qui le remettrait-il ? où sont les autorités et les forces espagnoles dans le Nouveau-Monde ? Le Brésil eût-il la volonté de commettre cette bévue politique, il ne lui serait pas possible de la consommer.

Au moment où nous livrions ce chapitre à la presse, il est venu à notre connaissance un fait essentiel en ce qu'il prouve que le cabinet de Madrid n'est ni en mésintelligence ni en rupture avec la cour de Rio-Janeiro. On a vu (pag. 78) le mauvais traitement qu'a éprouvé un bâtiment brésilien dans le port de Vigo : le bâtiment s'appelle *la Luconia*. Le traitement dont il a eu à se plaindre ne devant être imputé qu'aux autorités locales, leur conduite à cet égard vient de donner lieu à une réprimande de la part du gouvernement espagnol. Il a décidé en outre que désormais les bâtimens brésiliens seront reçus comme neutres dans les ports d'Espagne.

CHAPITRE VIII.

EXAMEN DE CETTE DERNIÈRE QUESTION :

Est-il possible de rétablir le Brésil sous la dépendance du Portugal?

Quiconque voudrait soutenir l'affirmative, objecterait sans doute que le Brésil a déjà été conquis par les Portugais ; qu'il l'a été à partir de 1525, époque où se firent les premiers établissemens sur la côte, jusqu'au milieu du siècle dernier où furent peuplées les provinces les plus centrales de Goyaz et de Matto-Grosso.

Mais nous demanderons quels étaient les ennemis que les Portugais eurent alors à combattre ? N'étaient-ce pas des sauvages mal armés, peu nombreux ? Et pourtant leur résistance a été telle, qu'on n'a pu en soumettre qu'un petit nombre, et encore ont-ils été plutôt convertis que vaincus. Nulle part les Européens ne sont restés maîtres du territoire qu'en s'y établissant à demeure, et en expulsant les indigènes.

La population du Portugal, qui a pu fournir assez de soldats pour soumettre les Tupinambas, les Guaranis, les Ouctacazes, les Tupas, serait-elle aujourd'hui en état de recruter une armée assez considérable pour reconquérir le même territoire, couvert maintenant de villes et de forteresses, et occupé par une population de plus de 4,000,000 d'âmes, cinq fois plus nombreuse que celle des indigènes?

Ne sait-on pas, d'ailleurs, que le Portugal, au moment de la colonisation du Brésil, était dans un mouvement d'effervescence et d'expansion tel que les émigrans et les aventuriers se présentaient en foule?

A quoi se réduit aujourd'hui l'ascendant du Portugal sur le Brésil? On a vu que les armemens partis dans ces derniers temps de Lisbonne, n'ont jamais pu y transporter que de faibles corps qu'on pourrait comparer à ceux qu'envoyèrent jadis les concessionnaires pour dompter les sauvages.

Mais, dira-t-on, les habitans du nouvel empire sont divisés d'opinions: il y a un parti révolutionnaire républicain, et un parti monarchique. Cela est possible; mais le parti tout-à-fait révolutionnaire est en minorité. D'ailleurs, entre les deux opinions, il n'existe aucune dissidence sur le point essentiel de l'indépendance nationale. Or, la défense est de nécessité commune, et les divisions intestines ne feraient qu'en augmenter l'intensité au moment du péril.

Si les États-Unis ont eu leur Wasington; si le

Brésil a déjà eu son Vieira qui, après avoir expulsé les Hollandais, rangea sous le sceptre de la maison de Bragance cette magnifique possession, le Brésil, aujourd'hui appelé à l'émancipation par la voix de la Providence, se confie avec orgueil à l'illustre rejeton de sa race royale pour consolider les bienfaits de sa régénération.

Le Brésil a d'ailleurs sous les yeux l'exemple que lui a légué le Portugal lui-même. N'ayant pas plus d'un quart de la population de l'Espagne qui l'environne de tous côtés, le Portugal a su constamment lui résister, et récemment trois invasions françaises n'ont pu détruire cette même indépendance qu'il avait conservée jusqu'alors.

Ici tout est à l'avantage du Brésil, qui a des ressources immenses et une défensive formidable. Est-ce d'ailleurs avec un revenu de 60,000,000 de francs que le Portugal pourvoirait à un armement extraordinaire ? Cet armement, sorti du port de Lisbonne, irait se briser contre les plages et les rochers du Brésil.

Le Portugal n'oubliera pas sans doute que, lors de sa dernière expédition, forte seulement de douze cents hommes, on fut obligé de vider les caisses publiques, et qu'un député aux cortès se plaignant de cette mesure, déclara que si l'on touchait aux fonds destinés aux employés, le gouvernement tomberait. Jamais prophétie ne se vérifia plus promptement.

Il faudrait une dépense triple du revenu entier du Portugal pour former un armement de quarante mille hommes, le seul qui pût faire quelque impression sur le Brésil; et encore quarante mille hommes suffiraient-ils pour occuper militairement, c'est-à-dire pour tenir sous le joug un pays aussi vaste que l'Espagne, le Portugal et l'Allemagne ensemble? Si sa population est éparpillée, elle n'en existe pas moins partout, et cet éparpillement même rend l'occupation plus difficile. Nulle part les subsistances ne sont assez abondantes pour approvisionner une force qui serait hors des proportions de la population locale. D'ailleurs, le Brésil ne se contenterait pas d'une résistance inerte et passive. Il a déjà une force organisée qui peut balancer toutes les forces du Portugal avec d'autant plus d'avantage, qu'il choisirait à volonté tel ou tel système de guerre, et la défensive qui lui serait la plus profitable.

En outre, le Brésilien est essentiellement militaire. Qu'on ouvre les pages de son histoire, on verra qu'il a été exposé aux attaques de divers peuples de l'Europe, Espagnols, Français, Anglais, Hollandais, qui n'ont jamais pu s'y établir. Plus tard, il a été déchiré par des dissensions civiles. Forcé de défendre ses frontières contre ses voisins, son esprit belliqueux ne s'est jamais démenti, et les générations qui s'y sont succédé depuis la conquête, ont toujours montré l'ardeur et l'habitude des combats.

Si le Brésil a peu de troupes de ligne, il a des troupes légères excellentes et nombreuses, surtout en cavalerie. Une armée étrangère qui s'avancerait dans l'intérieur, serait bientôt entourée d'une nuée de ces centaures-chasseurs qui terrassent le taureau sauvage et osent attendre le tigre.

Il existe aussi au Brésil une race d'hommes dont le service est inappréciable pour l'infanterie dans un pareil climat; ce sont les hommes de couleur libres, mélange de trois races, et qui réunissent à la vigueur de l'Africain l'agilité de l'indigène et la dextérité du blanc.

Les preuves militaires des Brésiliens sont faites : on les trouve consignées honorablement dans leur histoire; ils ont constamment, et sans secours européen, défendu leurs frontières méridionales. Dans les provinces du Nord, on a vu le magnanime Vieira ostensiblement désavoué par sa cour, et réellement abandonné par elle, se constituer le défenseur du Brésil; rassembler ses amis; déclarer la guerre aux Hollandais, les combattre, les poursuivre au prix de tous les sacrifices, et, finissant par les vaincre, rendre à l'unité brésilienne des provinces qui, depuis soixante ans, étaient aux mains des Bataves dans des places fortifiées et protégées par une marine alors la première du globe.

Aujourd'hui, comme au temps de Vieira, le Brésil possède un défenseur dont les droits sont incontestables et d'une nature bien plus élevée. Ses élémens actuels de puissance sont aussi bien autrement redoutables qu'ils n'étaient à l'époque de l'occupation hollandaise. L'auguste défenseur du Brésil, investi d'un titre imposant et vénéré, saura maintenir l'intégrité de son empire.

Quelques publicistes ont conclu de ce que la population libre du Brésil est plus faible que celle du Portugal, qu'il serait possible à celui-là de le soumettre; mais est-il besoin d'être dans une parfaite égalité numérique pour résister à une puissance dont les armemens ne peuvent se faire qu'à 2,000 lieues de distance, qui d'ailleurs ne peut attaquer qu'avec une armée, tandis que le Brésil, envahi, peut se défendre avec sa population? Qui ne sait que la population noire, peu redoutable au Brésil pour les blancs, ajoute réellement à la force militaire du pays?

Ainsi donc le Portugal ne peut raisonnablement espérer de soumettre le Brésil par le seul emploi de ses propres forces.

Peut-il compter sur des auxiliaires? La position du Brésil indique assez que la puissance européenne qui entrerait avec lui en guerre, ne pourrait trouver d'alliés utiles que parmi ses voisins, sur le continent méridional, ou bien parmi les puissances maritimes.

Le seul état qui soit à portée géographiquement de faire la guerre au Brésil, c'est Buenos-Ayres; mais Buenos-Ayres qui roule de révolution en révolution, est épuisé; il ne saurait, dans son instabilité, mettre six mille hommes en campagne.

D'ailleurs qui ne sait que les gouvernemens actuels d'Amérique, quoique différant dans leur système politique, sont tous d'accord pour combattre l'intervention européenne?

Si nous passons aux puissances maritimes, nous trouvons que les États-Unis ont déjà reconnu l'empire brésilien; que l'Angleterre a posé en principe qu'elle reconnaissait l'émancipation de toutes possessions coloniales dont l'indépendance serait fermement établie et qui reposerait sur un système de gouvernement régulier. Or, ces principes tendent directement à la reconnaissance du gouvernement du Brésil; car tous les actes du roi de Portugal luimême attestent que son intention a été non-seulement de reconnaître, mais d'établir son indépendance.

La France, qui est maintenant la seconde puissance maritime de l'Europe, pourrait donc seule prêter quelques secours aux Portugais; mais telle est sa conduite politique à l'égard du Brésil, que cet empire doit plutôt considérer les Français comme auxiliaires que comme ennemis.

On peut donc regarder comme impossible la soumission du Brésil par la voie des armes; reste à considérer si on pourrait l'obtenir par la voie des négociations et par les ressorts de la politique. C'est ce dernier parti que vient de prendre le Portugal. Mais négocier avec le Brésil, n'est-ce pas déjà reconnaître son indépendance? D'un autre côté, lorsqu'on veut, par des négociations, obtenir des concessions, ne faut-il pas avoir aussi des concessions à proposer ou à faire? Or, quelle concession le Portugal pourrait-il accorder au Brésil pour l'engager à renoncer à son émancipation?

Seraient-ce des préférences de commerce? Mais elles seraient frappées de nullité par l'acte même qui les concéderait, puisqu'elles ne sauraient être considérées alors que comme des dispositions de régime intérieur. Dans cette hypothèse, le système de législation ne pouvant émaner que des Européens, où les Brésiliens trouveraient-ils leur garantie?

D'ailleurs le commerce entre le Brésil et le Portugal n'est pas si avantageux au premier, qu'il soit obligé de faire de si grands sacrifices pour le conserver et le maintenir. Les produits du sol brésilien sont tels qu'ils n'ont pas besoin de la funeste ressource du monopole pour être débités, et les consommations de ses habitans ne sont pas tellement exclusives que le Brésil, pour s'approvisionner, soit obligé d'accorder des privilèges.

Le seul avantage que pourrait présenter le Portugal en échange de la soumission du Brésil, serait la paix; mais pense-t-on qu'un peuple qui fait la guerre pour son indépendance, qui n'a point éprouvé de revers, et dont la guerre ne gêne nullement le commerce; qui n'entend le tumulte des armes que sur quelques points d'un empire immense; qui, malgré la guerre, voit sa prospérité s'accroître, ses ressources se développer; pense-t-on que ce peuple renonce facilement à ses prétentions les plus enracinées, à sa liberté, à son indépendance, dont il éprouve tous les avantages, et enfin à une existence politique dont il jouit depuis quinze ans? Est-il si pressé de terminer une guerre dont il n'éprouve aucun dommage, qui doit s'éteindre d'elle-même, qui déjà est un mobile de ralliement et de confraternité entre les différens partis de ce vaste empire? Ne lui est-il pas déjà redevable de sa marine?

Peut-être le gouvernement portugais se flatte-t-il de trouver dans les hommes qui dirigent l'administration du Brésil, une certaine disposition à composer avec l'indépendance de leur pays, sous l'appât de compensations apparentes; peut-être espère-t-il trouver l'empereur don Pedro disposé à rétrocéder à son auguste père la couronne du Brésil? Dans le premier cas, la disgrâce et l'animadversion seraient le partage de tous ceux qui auraient stipulé au mépris des intérêts brésiliens. Dans la seconde supposition qu'arriverait-il? Que le prince possesseur de la couronne impériale, qui la rétrocéderait par un sentiment dont la noblesse de son âme lui déguiserait le danger, ferait un acte d'abnégation inutile; que les conseillers qui l'y auraient porté se verraient peut-être injustement accusés de trahison; que la maison de Bragance perdrait une couronne, et que le Brésil, dont la tranquillité serait compromise, déléguerait le pouvoir à un aventurier ou s'érigerait en république.

Ainsi tant d'efforts, tant de sacrifices en faveur de la légitimité seraient perdus dans l'autre hémisphère, et on le verrait se liguer tout entier contre les gouvernemens européens qui tenteraient de recouvrer une influence à jamais perdue.

C'est ainsi que, de faute en faute, les révolutions s'alimentent et se perpétuent; que ceux même qui s'y opposent y concourent plus qu'ils ne pensent par leur politique ou leur résistance inopportune.

Serait-ce après quinze ans d'indépendance parfaite; quand tous les Brésiliens de 25 à 40 ans ont formé leurs idées et leurs habitudes sur le nouveau régime; quand une jeunesse impatiente de tout frein vexatoire a été imbue des mêmes sentimens et a déjà fait ses preuves, ses premières armes; est-ce alors qu'on voudrait faire descendre à un état de soumission, d'oppression et presque de servitude, la moitié de sa génération actuelle? C'est au-dessus de la puissance humaine.

L'opposition du Brésil, ou plutôt sa volonté, est unanime sur la question de l'indépendance; on ne pourrait donc compter que sur des dissensions intestines pour le faire rentrer sous la domination du Portugal. Mais n'avons-nous pas déjà établi que s'il existe des principes de désunion, ce n'est point sur la question fondamentale, mais sur la forme du gouvernement; et encore la promulgation de la Charte brésilienne et le serment prêté par don Pedro ont-ils fixé les idées et rallié tous les esprits. Au surplus, si les ennemis de l'état actuel des choses, si les anarchistes du Brésil venaient à triompher de l'établissement monarchique, ce ne serait pas Lisbonne qui en recueillerait le fruit.

Les seuls intérêts qui puissent désunir les Brésiliens sont des intérêts de localité. Bahia peut désirer la suprématie sur Rio-Janeiro et fonder ses prétentions sur son ancienne origine, son archevêché, son droit d'aînesse comme capitale. D'autres villes peuvent se fonder sur leur position plus ou moins centrale, sur la salubrité de leur climat; aucune ne s'élevera ni ne s'armera pour faire prévaloir les prétentions d'aucun peuple d'Europe.

Mais, dira-t-on, le parti qui dominait dans les cortès et qui opprimait les Brésiliens ayant été renversé, il doit en résulter un rapprochement entre ceux qui ont vaincu le même système, les uns en Amérique, les autres en Europe. Sans doute le gouvernement restauré du Portugal a hautement désapprouvé les actes des cortès de Lisbonne, notamment en ce qui regarde le Brésil dont il lui impute la séparation; mais il y a loin de cette désapprobation au sentiment équitable de la reconnaissance du Brésil. Quelle que soit l'opinion politique d'un Portugais, relativement au régime intérieur de son pays, son opinion demeure toujours la même en ce qui concerne les colonies : elles doivent rester soumises.

On a cru long-temps qu'il serait difficile qu'une autre politique pût émaner des conseillers de Jean VI, comme des meneurs des cortès, qui n'étaient que des empiriques en fait de liberté.

Citons l'exemple des cortès de Madrid; certes on ne leur reprochera point de n'avoir pas été assez loin ni assez vite dans la carrière libérale. Eh! bien, quelles mesures prirent-elles à l'égard de l'Amérique espagnole? Les mêmes qu'aurait adoptées un Godoy ou tel autre ministre despote ou servile.

On a vu les cortès de Lisbonne reconnaître en principe l'indépendance du Brésil et son unité, puisqu'elles lui concédaient le droit d'accorder ou de refuser son adhésion au pacte social. Eh! bien, on a vu ces mêmes cortès, nonobstant leurs actes et leurs paroles, s'empresser de revenir au système de soumettre, d'opprimer le Brésil, et brûler d'impatience d'y envoyer dix à douze mille hommes pour contenir, disaient leurs imprudens orateurs, vingt ou trente factieux qui comprimaient le vœu de quatre à cinq millions de citoyens. Quelle pitié! quel aveuglement! et voilà comment s'est opérée la séparation! Maintenant que faire? la réconciliation entre le père et le fils fera plus d'impression sur le Brésil que tous les ressorts de la politique et tous les armemens de l'Europe.

Le roi Jean VI sait à n'en pas douter que pour lui, reconnaître l'empire, c'est sauver le principe de la légitimité, qui à l'égard du Brésil embarrasse la diplomatie des puissances étrangères. C'est donc un acte de son devoir royal; car aussitôt la reconnaissance faite, elle deviendra européenne. Le roi connaît d'ailleurs toutes les raisons, tous les motifs qui ont porté le Brésil à l'indépendance; il sait que le Brésil ne pouvait agir autrement, qu'il ne saurait rétrograder que par une route trempée du sang de ses frères et en pure perte pour la royauté et pour la famille de Bragance; car, il faut le dire, le sort en est jeté.

Or si Jean VI ne reconnaissait pas l'empire, c'est qu'il agirait contre sa conscience; c'est que des suggestions, des intrigues, des malveillances étrangères prévaudraient en étouffant dans son cœur paternel la voix intérieure de la vérité et de la raison.

Que l'on ne vienne pas récriminer contre les Brésiliens! qu'on ne les force pas d'abandonner les voies de la sagesse qui les ont guidés jusqu'à présent! Tous les liens seraient à jamais rompus s'ils s'apercevaient que c'est la duplicité qu'on emploie quand on les appelle des frères. Pourrait-on alors se plaindre s'ils s'armaient de mesures violentes qu'enfantent l'injustice et la fraude?

Déjà il n'est bruit que de la continuation de l'armement de Lisbonne, bruit répandu peut-être à dessein. On ajoute même que le roi, dans une assemblée des principaux négocians portugais, a dit qu'une grande expédition allait remettre le Brésil dans l'ordre; et ces paroles, selon les mêmes bruits, auraient été dites au moment même où le comte de Villa-Réal, en qualité de plénipotentiaire portugais, entame des négociations à Londres avec les plénipotentiaires brésiliens! Ceci suffirait seul pour rendre défians les moins soupçonneux et pour corroborer l'opinion des révolutionnaires du Brésil. A les entendre, le Portugal n'a suspendu les hostilités que pour rouvrir à ses denrées, qui encombrent ses magasins, les routes du Brésil, et pour donner plus de temps aux succès de l'intrigue.

Vous ne voulez qu'aucune médiation étrangère intervienne; vous voulez que l'affaire soit purement de famille. Vous avez raison; mais laissez là les biais, les tergiversations. Dans un débat de famille, les ruses diplomatiques sont déplacées.

Les nouvelles de Rio-Janeiro portent que le concours de l'escadre française stationnée dans la rade, a été offert à don Pedro contre toute tentative révolutionnaire, sans pourtant que la France, par cette proposition, ait eu l'intention de prendre un parti dans le différend élevé entre le père et le fils. Cette démarche du ministère français s'explique par l'allure trop révolutionnaire de l'assemblée brésilienne, qui portait atteinte à la royauté. Mais cette assemblée a été dissoute, et don Pedro n'ayant aucun besoin de secours étrangers pour rétablir l'ordre dans son empire, n'a pas cru devoir, pour le moment, accepter l'offre qui lui a été faite au nom de S. M. T. C. (1)

---

(1) Le document remarquable que nous recevons à l'instant même de Bahia, et que nous nous empressons de communiquer en note à nos lecteurs, atteste d'une manière plus irréfragable encore les sentimens de bienveillance qui animent le gouvernement royal de France à l'égard du Brésil.

Lettre adressée le 12 mars 1824, par le consulat de France à Bahia, à S. Exc. M. Francisco Vicente Vianna, président du gouvernement de la province de Bahia.

« Monsieur le Président,

» Les peuples du Brésil sont doués d'une intelligence et d'une activité d'imagination remarquables; mais ces qualités si précieuses en elles-mêmes ont besoin du secours d'une bonne éducation pour favoriser leur direction et leur développement. Les circonstances politiques actuelles et le défaut d'établissemens nationaux complets d'éducation forcent les jeunes Brésiliens à chercher, parmi les nations européennes, l'instruction que des siècles d'études y ont accumulée; et, en attendant que le gouvernement du Brésil ait pu prendre, sur l'instruction publique, des mesures dignes de son peuple et de lui, les Universités d'Angleterre, d'Italie et de France voient les fils du Brésil grossir les rangs de leurs élèves, et rivaliser, avec ces derniers, d'ardeur pour les sciences, dont ils sont, par suite, appelés à propager les progrès à leur re-

Qu'on ne dise pas que l'empereur n'a pas accepté, par la raison que tout le Brésil était prêt alors à jurer le pacte d'union qu'il venait de lui donner dans sa sagesse ! Non, Pernambuco était encore en dissidence ; et si les sentimens d'un ambitieux, d'un despote eussent animé don Pedro, il n'eût pas man-

---

tour dans leur belle patrie. Parmi ces derniers, plusieurs se sont, depuis quelques années, dirigés vers la France. Le gouvernement du roi, secondant les intentions vraiment libérales de S. M., a vu avec beaucoup de satisfaction cette tendance des pères brésiliens à envoyer leurs enfans puiser l'instruction dans les diverses Académies des provinces de France, dont plusieurs, telles que la Provence et le Languedoc, joignent, à des établissemens d'instruction estimés, l'avantage d'un climat plus rapproché de la température du Brésil.

» C'est donc avec une vive satisfaction que j'ai l'honneur d'annoncer à V. Exc., qu'afin de faciliter aux jeunes Brésiliens qui se destinent à faire leurs études en France, les moyens de s'y rendre avec économie et sécurité, les commandans des bâtimens de S. M. T. C. qui passent sur cette rade pour se rendre directement en France, sont autorisés à les recevoir à bord. J'ose me flatter que V. Exc. trouvera dans cette communication une nouvelle preuve des véritables sentimens dont le gouvernement de France est animé à l'égard du Brésil.

» J'ai l'honneur d'être avec respect, Monsieur le Président, de V. Exc., le très humble et très obéissant serviteur,

» Le consul de France,

» GUINEBAUD. »

qué de se servir, contre Pernambuco, d'un armement européen mis à sa disposition, et qui eût donné à son pouvoir une plus grande latitude.

Mais don Pedro a voulu fournir une preuve nouvelle qu'il est à-la-fois le souverain et le père de son peuple, et qu'il préfère, à la force et à la violence, les moyens doux qui tendent à éclairer et à ramener l'opinion, pour la mieux concentrer dans un pouvoir légitime.

L'empereur ne vient-il pas de s'expliquer de la manière la plus solennelle ? Par le plus noble élan, portant la main à son épée en présence de la population de Rio-Janeiro, il s'est écrié avec l'accent d'une âme loyale et forte : « Vive la constitution » brésilienne et notre indépendance à jamais ! »

Cette même constitution, devenue le pacte d'union du Brésil, a été jurée à Bahia le 3 mai, ce qui annonce qu'elle sera jurée aussi dans tout le nord du Brésil, car le poids de Bahia est immense.

D'un autre côté, par convention faite entre le lieutenant-général de Laguna, commandant des troupes brésiliennes devant Montevidéo, et don Alvaro, commandant des troupes portugaises, occupant cette place, elle a été définitivement remise aux troupes impériales, ce qui délivre tout le Brésil et tout son littoral de la présence de l'ennemi. Déjà lié au Brésil par fédération, ce nouveau territoire, désigné sous le nom d'état Cisplatin, demande maintenant à être incorporé à l'empire.

Enfin, même les possessions portugaises de la côte d'Afrique, telles que Benguella et Angola, se sont déclarées pour le Brésil, et sollicitent aussi la faveur de faire partie intégrante de l'empire.

CHAPITRE IX.

État actuel de l'Empire du Brésil.

L'empire du Brésil compte maintenant plus de deux millions de lieues carrées d'étendue. C'est à ses rapports avec les nations étrangères et limitrophes que tient la question de ses frontières, non encore fixées par une délimitation précise ; la plus naturelle est celle qui le renferme entre les deux grands fleuves de la Plata et de l'Amazone. Il est divisé aujourd'hui en dix-neuf provinces, savoir : Rio-Negro, Para, Maranham, Piauhy, Ceara, Rio-Grande do Norte, Parahiba, Pernambuco, Alagoas, Sergipe, Bahia, Espirito-Santo, Rio-de-Janeiro, San-Paulo, Santa-Catharina, Rio-Grande do Sul, Minas, Goyaz, Matto-Grosso. Sa population, disséminée en raison de son étendue, n'a été portée qu'à 3,617,900 âmes, d'après un relevé qui ne comprend que la population de dix-sept provinces, au lieu de dix-neuf. Les derniers recensemens élèvent la population entière du Brésil à plus de 4,000,000 d'âmes. Mais en prenant pour base le premier relevé authentique, elle se divise ainsi qu'il suit : 1,528,400 personnes libres forment une population mixte, composée de 843,000 blancs, dont il y a au moins un tiers de Portugais européens, et environ 562,000 Brésiliens, plus 426,000 mulâtres libres, et 259,400 Indiens de toute espèce. Si l'on ajoute à ce relevé 159,500 noirs libres, on aura un total de 1,687,900 personnes libres, jouissant de tous les droits civils et politiques.

La population des noirs esclaves s'élève à 1,728,000 et celle des mulâtres esclaves à 202,000; total 1,930,000. Ainsi le Brésil présente à-peu-près 2,000,000 d'esclaves, c'est-à-dire, autant qu'il y a de personnes libres, si l'on s'en rapporte à l'ancien recensement, et abstraction faite de la prodigieuse affluence des émigrés d'Europe attirés par le gouvernement actuel. D'ailleurs qui ne sait que l'esclavage au Brésil est le plus doux de toute l'Amérique. Les lois portugaises garantissent le pécule de l'esclave; c'est tout ce qu'il peut réclamer d'elles. Nul doute qu'un jour l'esclavage ne s'abolisse de lui-même, comme onéreux aux propriétaires, et qu'on ne s'y occupe de l'émancipation des noirs, ou du moins de rendre par degrés leur condition ou leur existence plus utiles. Mais la prudence exige encore qu'on éloigne l'émancipation complète, et qu'on ne considère comme citoyens que les fils de père et mère libres, toujours sous la réserve des exceptions que peut accorder l'empereur aux services éminens. Du reste, la constitution, jurée par l'empereur, a déterminé l'état civil et politique des citoyens du Brésil.

Quant aux Indiens, on peut les considérer en général comme des alliés du gouvernement pour la paix et pour la guerre, et, par conséquent, sous les ordres du même monarque. En un mot, ce sont des nations séparées vivant dans leurs limites. Il s'agit surtout de les faire passer de leur état d'ignorance, de vice et de barbarie, à l'état d'instruction et de morale. La religion chrétienne seule peut éclairer leur esprit et réformer leurs penchans sauvages. Les missionnaires ont commencé la civilisation, c'est à eux seuls qu'il convient d'en confier l'achèvement; et bientôt les frères Moraves, réclamés par le Brésil, iront, dans ses forêts vierges, exercer, à l'égard des indigènes, l'apostolat de l'humanité, de la persuasion et de l'industrie sociale.

Les distinctions de naissance existent au Brésil; l'aristocratie des richesses y existe aussi comme partout. Les grandes possessions territoriales y sont communes. Peut-être les professions libérales n'y ont-elles pas encore été assez encouragées. La gloire militaire n'y a pas non plus revêtu de son éclat un assez grand nombre de personnes.

Mais aujourd'hui que les Brésiliens vont devenir un peuple navigateur et commerçant; aujourd'hui qu'ils sont dans un moment de fermentation active et d'accroissement successif, l'aristocratie va y devenir plus mobile, du moins en partie.

Il est impossible de parler du sol du Brésil, sans dire que l'or et les diamans viennent dans son sein;

et que toutes les cultures y prospèrent. La cochenille y a été portée et y a réussi ; la canne à sucre y a été transplantée de Madère avec un égal succès ; le coton, l'indigo et le tabac, et mille autres productions, s'y présentent partout à la surface de la terre à la main du laboureur. Presque tous les fruits de l'Europe sont cultivés à la Serre des Orgues près de Rio-Janeiro. Le chanvre est cultivé avec beaucoup de succès à Rio-Grande ; le lin y vient de même ; on est parvenu à acclimater aux jardins botaniques de Rio-Janeiro et de Pernambuco une grande quantité de plantes exotiques.

Les mines d'or et de diamans ne sont pas l'unique et brillant apanage de cet empire ; il en possède de plus réellement utiles dans celles de fer et de cuivre, que son sein renferme en abondance, et que bientôt des mains habiles prendront soin de lui demander pour en doter les arts et le commerce. Le fer de Sarucaba rivalise avec le meilleur fer de Suède.

Tel est d'ailleurs l'état de la grande culture au Brésil, qu'il doit se rapprocher dans son organisation provinciale des monarchies fédératives, dont quelques-unes subsistent encore aujourd'hui. Là, les pouvoirs provinciaux et municipaux doivent avoir une grande extension.

Ce ne sera point incompatible avec la nature de son gouvernement, réglé par le pacte social, adopté et juré, le 25 mars dernier, par l'empereur don Pedro. Tout annonce qu'il se consolidera dans les formes d'une monarchie héréditaire et représentative, en se servant des puissans mobiles de la discussion publique et de la liberté de la presse, pour étendre et affermir le pouvoir souverain.

Déjà ses progrès sont bien plus rapides, les consommations plus variées depuis qu'il a, dans son sein, un centre de gouvernement ; depuis que les affaires, l'ambition et l'habitude, n'attirent plus au-delà des mers une partie de ses plus riches consommateurs.

Avec un gouvernement à lui, le Brésil aura aussi une marine à lui. Mille à douze cents lieues de côtes, la navigation de l'Amazone et de Rio de la Plata, les meilleurs ports de l'univers, des havres nombreux et sûrs, une immense navigation intérieure, de superbes pêcheries, une position géographique au point le plus étroit du canal de l'Atlantique et qui permet de faire le tour du monde en treize mois ; les matériaux les plus inaltérables pour la construction des vaisseaux (les bois durent cinq fois plus qu'en Europe), tels sont les avantages réunis avec lesquels le Brésil ne peut manquer de devenir l'état maritime le plus imposant de la mer du Sud ; il l'est même déjà.

Le monopole seul arrêtait son essor nautique, comme il avait gêné le développement de la marine des États-Unis. Le monopole, incompatible avec l'émancipation, est anéanti à jamais.

La marine brésilienne s'accroît tous les jours; elle ne construit point de vaisseaux de ligne ; on croit avec raison que, dans ces mers, les frégates, corvettes et bricks, conviennent mieux, soit pour la croisière, soit pour la navigation. Il suffit de lire les gazettes de Rio-Janeiro pour se faire une idée de l'ardeur maritime qui anime les habitans du Brésil, et surtout cette capitale. A chaque numéro, on trouve le relevé des dons volontaires faits spontanément dans cet objet. On crut d'abord, en se fondant sur quelques circonstances semblables, qu'on pourrait compter, l'un portant l'autre, sur une rétribution de cinq francs par personne ; mais cette supputation restreinte fut bien dépassée, et les dons volontaires pour la marine s'élevèrent à plusieurs millions. On peut dire que la marine brésilienne a fondé, en quelque sorte, l'esprit public de ce pays ; on n'y rêve, on n'y pense que marine. Les matelots anglais, aujourd'hui au service du Brésil, sont un sujet d'émulation et de rivalité qui tourne à l'avantage de la population maritime du pays.

Pendant long-temps encore les communications de la capitale avec les provinces seront plus faciles par mer que par terre ; d'autant plus, que sur dix-neuf provinces, quatorze sont baignées par la mer.

Cette situation rend indispensable que la capitale du Brésil soit une ville maritime, à l'instar des capitales du Portugal, de Naples, d'Angleterre, de Danemarck, de Suède, de Turquie et de Russie, jusqu'à ce que l'ouverture des communications intérieures vers les grands confluens, permette d'élever la nouvelle Pétersbourg vraisemblablement à Paracatou, entre Minas, Rio-Janeiro et Bahia.

Or, les différens ports que présentent ses immenses côtes, ceux entre lesquels pourraient hésiter le choix provisoire d'une capitale, sont ceux mêmes qui offrent déjà le plus de ressources et d'avantages. Parmi ceux-là, Montevideo, Maranham, et le Récif, sont trop éloignés du centre de la population. Restent Bahia et Rio-Janeiro. Le voisinage d'une atmosphère tempérée, la magnificence et la sûreté de sa rade, donnent à Rio-Janeiro, sur Bahia, un avantage incontestable.

Il ne faut pas croire que le Brésil soit trop en arrière, sous le rapport de l'industrie, des inventions et découvertes utiles, et de tout ce qui peut le mettre au niveau de la civilisation européenne. La pratique de la vaccine est répandue dans toutes les provinces. Dans tous les ports, aussitôt qu'un bâtiment négrier arrive, le capitaine est tenu de faire vacciner les nègres.

Les machines à vapeur sont aussi en grand nombre dans le Brésil, tant pour les sucreries et le sciage du bois, que pour les moulins à blé et les bateaux de navigation intérieure. On trouve aussi un grand nombre de moulins à eau.

Les charrues et les instrumens aratoires d'Europe sont tous en usage au Brésil; l'art du distillateur y a fait aussi de grands progrès. On y compte déjà plusieurs alambics de distillation continue, ainsi que différentes espèces de fourneaux et chaudières à la Rumfort; tout ce qu'il y a de plus moderne en ce genre est employé dans les sucreries.

Des essais sur la fabrication des vins ont été faits à Rio-Grande, et à l'île d'Itaparica; ils donnent des espérances. A Rio-Grande l'art du tanneur est exercé en grand. A Bahia, la pêche de la baleine est faite aussi en grand. Cette ville renferme, en outre, une grande verrerie, et une fabrique de cordages et de câbles.

Passons aux institutions morales. Dans toutes les grandes et petites villes, il y a des écoles primaires pour apprendre à lire et à écrire aux enfans. L'enseignement mutuel est aussi en usage. Dans toutes les grandes villes, on trouve des maîtres de langues latine et grecque, des professeurs de philosophie morale et rationelle, de rhétorique, de géométrie et de chimie.

Rio-Janeiro renferme un très beau musée, une école du génie et une école de marine impériale;

on y suit, en outre, des cours de botanique et de minéralogie. Il y a des bibliothèques publiques à Bahia et à Rio-Janeiro, et des imprimeries dans tout le Brésil. Bahia renferme des écoles de médecine et de chirurgie. A Pernambuco il y a un jardin botanique. Il n'y a de séminaire qu'à Bahia, Rio-Janeiro et Pernambuco. Il est faux que le Brésil fourmille de moines, comme quelques voyageurs superficiels l'ont avancé. A Minas, par exemple, il n'y a pas un seul moine. On peut dire, en général, que les moines n'existent au Brésil qu'à Bahia, Rio-Janeiro et Pernambuco. Il n'y a de riches que ceux de St.-Benoît et les Carmes.

Ce que nous venons de dire des moines s'applique également aux religieuses. La vie cloîtrée et la manie d'enfermer les femmes sont passées de mode au Brésil.

Il n'en est pas de même des institutions de bienfaisance. Rio-Janeiro, et surtout Bahia, renferment un hospice des orphelins et un hôpital pour les pauvres, qu'on appelle, dans le pays, *Caza de Misericordia*. Il y en a dans toutes les provinces qui reçoivent les malades et les enfans abandonnés. En général, les hospices et les hôpitaux sont très richement dotés. De pareilles institutions honorent plusieurs villes du second ordre.

Passons maintenant aux forces de terre et de

*

mer et aux revenus. L'armée brésilienne s'élève à environ 25 à 30,000 hommes de troupes de ligne et à plus de 50,000 hommes de milice régulière. Ces forces sont ainsi réparties : à Rio-Janeiro 6,000 hommes de troupes de ligne et 15,000 hommes de milice ; à Bahia, 3,600 hommes de troupes de ligne et 22,000 hommes de milice ; à Rio-Grande, 8,000 hommes de troupes de ligne. Restent environ 10,000 hommes de troupes de ligne et 15,000 de milice, qui sont répartis dans les autres provinces.

Quant à la marine impériale qui vient d'être pour ainsi dire improvisée, elle présente déjà plus d'une trentaine de bâtimens de guerre.

Examinons maintenant le Brésil sous le point de vue du commerce ; comparons les résultats de la balance des exportations et des importations entre l'Angleterre et le Brésil, et les résultats de la même balance relativement au Portugal. Nous trouvons dans le compte qu'a publié le ministère anglais, sous le titre d'*Administration des affaires de la Grande-Bretagne*, que le commerce du Portugal n'a été depuis l'émancipation du Brésil, pour le terme moyen, que de 1,824,000 livres sterling d'exportations, tandis que les exportations pour le Brésil se sont montées à 2,278,000 livres sterling, un quart de plus que les exportations de la métropole, et plus de deux fois autant que celles de tout le continent américain, les États-Unis exceptés.

Le commerce va croissant : de 1820 à 1821, les importations se sont élevées de 952,000 livres sterling à 1,294,000; dans le même espace de temps les exportations se sont montées de 1,864,000 livres sterling à 2,278,000 livres.

Le revenu du Brésil s'est élevé, en 1823, à 66,743,586 fr. La recette pour 1824 a été plus forte encore; elle s'est élevée à 94,721,960 fr. Il est à remarquer que le Brésil est le seul Etat connu qui n'ait pas une dette publique; car si son budget présente une dette de 30,000,000 de creuzades, il présente, en même temps, un crédit de 33,000,000.

Le Brésil a d'ailleurs un avantage immense, qui peut, ou le dispenser de faire des emprunts, ou lui faciliter les moyens de les rembourser; nous voulons parler de la vaste étendue de ses domaines nationaux, dont il peut disposer, sans dépouiller ni le clergé ni les ordres religieux.

En terres incultes seulement, le Brésil possède de quoi nourrir vingt fois plus d'habitans qu'il n'en contient aujourd'hui, c'est-à-dire, qu'il pourra renfermer et nourrir un jour cent millions d'habitans.

Toutes ces terres n'attendent que des colons; et jusqu'à ce que la totalité soit aliénée, le prix des concessions sera un revenu annuel pour l'État. Lorsqu'elles seront concédées en entier, les finances n'auront plus besoin de ressources extraordinaires.

Nous terminerons ce chapitre par deux tableaux touchant les revenus et les recettes du Brésil : l'un présente les revenus, les dettes actives et passives, distribués par chaque province; l'autre tableau présente l'augmentation progressive du revenu public au Brésil, à compter de 1808 jusqu'en 1820.

TABLEAU

Comparatif des Revenus et des Dettes actives et passives de chaque Province du Brésil.

NOMS des Provinces.	REVENUS.	DETTES actives.	DETTES passives.
	Reis.	Reis.	Reis.
Minas.	265,550,111	2,695,471,316	76,579,963
Goyaz.	30,816,994	153,186,018	158,813,331
Matogrosse.	36,726,492	28,167,700	785,439,331
Ste.-Catherine. . .	23,665,436	45,982,969	54,109,782
Rio grande de Sud.	323,230,590	148,687,893	207,636,476
St.-Paulo.	294,417,865	82,620,625	184,311,913
Espiritu Santo. . .	27,412,784		
Campos.	34,835,571		
Bahia.	1,420,100,385	334,561,600	414,217,949
Pernambuco. . . .	1,130,661,355	331,673,356	57,681,327
Rio grande de Norte	60,673,407	11,209,832	48,428,636
Alagoas.	96,852,887		
Paraiba du Nord. .	157,615,731	58,074,385	8,025,498
Piauhy.	165,959,809		
Ceara.	138,784,466	119,369,333	2,557,935
Maranham.	1,221,870,993	187,941,729	50,668,750
Para.	307,364,926	205,511,842	
Rio Janeiro.	3,802,434,204		12,055,582,456
	9,538,974,006	4,402,458,598	14,104,053,347

TABLEAU

De l'Augmentation progressive du Revenu public au Brésil, à compter de 1808 jusqu'en 1820.

ANNÉES.	RECETTES			
	En Reis.		En Francs.	
			fr.	c.
1808. . .	2,297,904	099	14,361,900	61
1809. . .	2,947,901	078	18,424,381	73
1810. . .	5,282,894	915	33,018,093	21
1811. . .	3,720,488	236	23,253,051	47
1812. . .	3,268,613	227	20,428,832	66
1813. . .	4,920,202	339	30,751,264	61
1814. . .	4,387,736	780	27,423,354	87
1815. . .	4,930,922	727	30,818,267	04
1816. . .	5,971,400	789	37,321,254	93
1817. . .	7,187,678	593	44,922,991	20
1818. . .	7,267,149	794	49,794,486	21
1819. . .	8,716,460	355	54,477,877	21
1820. . .	9,771,171	875	61,069,824	21

FIN.

TABLE DES MATIÈRES.

FIN DE LA TABLE DES MATIÈRES.

www.ingramcontent.com/pod-product-compliance
Ingram Content Group UK Ltd.
Pitfield, Milton Keynes, MK11 3LW, UK
UKHW012222240726
13966UKWH00003B/900

9 782012 860308